歴史文化ライブラリー
496

松岡洋右と日米開戦

大衆政治家の功と罪

服部 聡

吉川弘文館

目　次

破綻した日米関係

松岡洋右と現代——プロローグ

松岡洋右という人物

松岡洋右《まつおかようすけ》は、日独伊三国同盟を成立させ、日米開戦の直接的原因をつくった外相として知られている。さらに松岡は、日本が国際連盟を脱退した時に、連盟総会会場から堂々と退場する姿の映像でもよく知られており、日本を破滅に導いた人物として、一般的な印象と歴史的評価は悪い。

松岡洋右は日清戦争勃発（一八九四年）の一五年ほど前に生まれ、日本が太平洋戦争で敗戦した翌年に六六歳で亡くなっている。その生涯は、成長から破滅に至る近代日本のプロフィールそのものであったといえよう。松岡は、政治家として国際秩序の現状打破を志向したが、好戦的な軍国主義者や狂信的な反米主義者というわけではなかった。松岡は現実主義者であり、むしろ日米戦争の回避を図っていたのである。

グローバリズムの時代

現代は、グローバリズムの下で全世界が資本主義経済によって覆われている時代である。だが、同時にそれは、過当競争と格差社会をもたらし、その反動として、過剰な外国人労働者の移入に対する拒絶や、保護貿易主義の動きなどを世界各地で発生させている。

反動の原因は社会に対する大衆の不満や閉塞感であるが、自由主義社会（資本主義経済体制と民主主義政治体制）において政治を担う既存政党は、その抜本的解決策を見出せずにいる。そのため、無党派層が増大する一方でポピュリズム（大衆迎合主義）が発生し、強硬論や、思いつき、出任せまがいの無責任な政策を吐く政党や政治指導者が、世界各地で支持を集めるようになっている。自由主義社会は、グローバリズムによって大きな壁に突き当たっているといってもよい。

一九二〇年代と一九三〇年代

グローバリズムは現代に発生した真新しい現象ではない。現代的なグローバリズムが発生したのは、今から一〇〇年近く前の一九二〇年代ではなかったか。第一次世界大戦後の国際協調の機運の下で、民主主義と資本主義経済が世界に浸透し、国際分業の進展によって世界経済が多極化した時代こそ、一九二〇年代であった。ところが、大恐慌の発生によって幕明けた一九三〇年代の国際社会では、一転して、グローバリズムによる負の影響が是正された。民主主義体制をとる国家では、不況に不満を募らせる国内世論を背景にして、国際協調よりも自国の利益や既得権益の保護が優先されたのである。その結果、高関税や非関税障壁による保護貿易主義が世界的に拡がり、外国からの投資や外国人労働者の流入も厳しく制限された。

さらに、金本位制の解体によって金融政策での国際協調も失われ、国際協調体制は経済面から崩壊した。かくして、一九三〇年代に拡がった保護主義は、世界市場の細分化を招き、世界経済のブロック化と呼ばれる現象を発生させたが、その実態は、先発資本主義国が自国の植民地を独占市場として囲い込み、植民地をもたない後発資本主義国の経済進出を排斥するというものであった。これは単なる不況の転嫁に過ぎず、弱肉強食の論理が支配する一九世紀帝国主義への退行であった。これは安全保障面についても同様である。

歴史は繰り返すのか

「歴史は繰り返す」という言葉がある。だが、すべての歴史事象は、個別的で一回性をもつ現象である。そのため、実際に「歴史は繰り返す」ことはない。時代と共に社会は変化するため、過去と同一の環境が再現されることは絶対にないのである。

とはいえ、どことなく過去と類似した現象は、たびたび発生する。時代や社会が変わっても、本質的な部分で人間は変化しない。そのため、時代が違っても、過去と似たような環境に直面すれば、人間は過去と同じような反応や行動を示すのである。特に、混迷の状況に陥ると、「何か大きな変化をもたらしてくれる」という期待を寄せて、強硬論や威勢のよい政治指導者に飛びつくのが、時代を超えた大衆心理である。それゆえ、「歴史は繰り返す」と感じるような、既視感を覚える事象が繰り返し発生するのであろう。

松岡洋右が活躍した時代

一九三〇年代は、後発資本主義国（あるいは共産主義国家であるソ連も）である日独伊が、先発資本主義国である英米仏が主導する国際秩序を、軍事力によってつくり替えようとした時代であった。

その際の原動力となったのが、大衆の不満とイデオロギーである。大衆の不満がポピュリズムと民族主義のイデオロギーによって集約され、国家主義の下で、軍事力による対外進出という形で不満のはけ口が求められたのである。これはちょうど、不満を募らせた人間が、怒りにまかせて他人に暴力をふるうようなものである。松岡洋右が政治の表舞台で活躍したのは、そのような時代状況下であった。

大衆政治家としての松岡

松岡洋右がポピュリスト（大衆政治家）であったのは疑いない。松岡には強い出世欲と才覚があったが、政治活動を支えてくれる支持組織をもたなかった。そのため、政界での栄達を狙う松岡は、大衆世論を利用した。言説や弁舌によって、不満をもつ大衆を扇動しながら支持を集め、自らが掲げた政治目標を追求すべく、国際秩序の変更を目指して対外強硬政策を追求したのである。

だが、外相となった松岡は、思想や観念によって支配される無責任で空想的なアジテーターではなかった。十分な情報をもち、（松岡なりに）合理的な判断の下で冷徹に現状打破政策を追求したのである。この点に、松岡洋右という人物の特徴がある。

内政と外交

外相として活躍することになった松岡は、二つの課題を克服しなければならなかった。一つは、複雑な国内政治、すなわち政治外交の主導権を握る軍部への対応、もう一つは、これまた複雑で流動的な戦時国際政治への対応である。

ところが、内政上の要求と外交上の要求は必ずしも一致しない。むしろ、相反するのが常であり、外交政策を与える外相は、その相反する内政と外交を整合させながら、国益を定義し、追求しなければならない。それゆえ、外相としての松岡洋右は、その整合を目指したが、成功せず、その意に反して日米開戦の原因をつくってしまった。なぜ、そうなってしまったのか。本書では、松岡洋右という人物を通じて、日本が日米開戦へと向かった道程を紐解いてゆくことにしたい。

なお、本文中の参考文献表記は「服部―二〇一二」（著者名―刊行年）で示し、巻末の文献一覧と対応するようにした。

松岡洋右という人物

外交官・満鉄・代議士

アメリカ帰りの外交官

一三歳で渡米

松岡洋右は、一八八〇年三月に山口県で生まれた。生家は代々廻船問屋を営む豪商であったが、松岡が生まれた頃には幕末の混乱で家運が傾き、一一歳の時に家は破産した。松岡は理屈っぽく負けん気の強い少年だったらしく、早くもこの頃に立身出世の志を立てたという。そして一三歳の時、松岡は、アメリカに渡っていた伯父を頼って渡米した。以後、二二歳で帰国するまでの九年間をアメリカ西海岸地域で過ごしたが、そこで松岡は人種差別を経験した。それが原因となって松岡が反米主義者になることはなかったが、アメリカに対する松岡の強烈な対等意識は、この時期に形成されたらしい。日本人はすぐに謝り、譲歩し、妥協点を探ろうとする癖があるが、これに対して松岡は、自己主張の強いアメリカ人と同様に、日本人もまた堂々と自己主張し、争うべきであるという認識をもったのである（三輪—一九七一）。そうしなければ、自己の存在と利益を守ることはできない。このような認識をもったあたりに、頭の回転が速く、弁が立って負けん気の強い松岡の性格が表れているが、このパーソナリティは、その後の政治家としての松岡を特徴付けてゆく。

松岡は、自ら学資を稼いで州立オレゴン大学の夜間部に通い、一九〇一年に卒業した。その翌年、松岡は帰国し、二四歳で外交官となった。得意の英語をいかせる立身出世の職業として、外交官を選んだのである。外交官としての松岡のキャリアは、上海の領事官補でスタートしたが、当時の外交官は欧米勤務を好み、中国勤務を忌避する傾向があった。にもかかわらず、松岡は、その後も、自ら中国勤務を希望した。日露戦争後の日本の大陸進出に着目した松岡は、大陸に活躍の場を求めたのである。

アメリカの門戸開放政策

松岡が外交官となった日露戦争後の東アジアの状況を整理しておこう。アメリカは、他国に遅れて東アジアに進出してきた。そのためアメリカ政府は、日露戦争に先立つ一八九九年と一九〇〇年に、東アジア政策の原則として「門戸開放」声明を発表した。この声明は、中国大陸における通商機会の各国平等と中国の領土保全を列強各国に呼びかけるものであり、特定の国による東アジアの独占支配に反対するものであった。そして、この原則は、一九〇四年に勃発した日露戦争への対応にも当てはめられた。

日露戦争はアメリカ政府の調停によって早期の講和が実現したが、調停をおこなったアメリカの狙いは、東アジアにおける日露の勢力を拮抗させることにあった。両者の間に割り込む形で、満洲と華北への経済進出を図ろうとしたのである。ところが、日露戦争後、日露は急速に接近し、中国大陸へのアメリカの経済進出に対抗するようになった。その結果、排他的権益を追求する日本と門戸開放の原則を掲げるアメリカは、大陸への経済進出をめぐって摩擦を抱えるようになり、その摩擦は日米開戦に至るまで続く。

日本の大陸政策と日米摩擦

一九一四年八月、第一次世界大戦の戦端が開かれた。ドイツがもつアジア権益の奪取を狙った日本は、日英同盟を根拠にして大戦に参戦し、さらに、大戦の混乱に乗じて、対華二一ヵ条要求やシベリア出兵などの露骨な権益拡張策を、大陸において追求した。アメリカは英仏の「協力国」として一七年四月に大戦に参戦したが、日本の権益拡張政策を警戒したアメリカ政府は、同一一月、日本政府との間に「石井・ランシング協定」を成立させた。同協定は、アメリカが掲げる門戸開放の原則と大陸における日本の特殊権益を、日米が相互に認め合うことで、大陸政策における日米協調を謳うものであった。だが、その内容は双方の主張を併記したものに過ぎず、日米摩擦を解消するようなものではなかった。

パリ講和会議

在米大使館に勤務していた松岡は、大戦が勃発すると帰国を命ぜられた。そして、一九一八年一一月に休戦が成立すると、日本は戦勝五大国の一員として講和会議に臨むことになり、松岡は、講和会議の全権（西園寺《さいおんじ》公望《きんもち》と牧野《まきの》伸顕《のぶあき》）随員を命じられてパリに赴いた。一九年一月から始まったパリ講和会議は、ドイツと戦勝諸国との間の講和会議であると同時に、大戦後の国際秩序を形づくる会議でもあった。

ところが、帝国主義的動機にもとづいて参戦した日本政府には、戦後国際秩序について語るべきヴィジョンやプランはほとんどなく、さらに、語学力が貧弱だったこともあって、日本代表団は自国の国益に関する事柄以外に目立った発言をしなかった。そのため、日本代表団は、他国代表団から「サイレント・パートナー」と揶揄される有様となったが、そうしたなかにあって英語に長けた松岡は、報道係主任の役目を与えられ、日本政府の要求が会議で認められるよう、各国の新聞記者を通じて広報外交を展開した。アメリカにおいて世論のもつ巨大な力を知るようになった松岡は、メディアを通じた世論操作の重要性を認識していたのである（ルー――一九八二）。そして、このような世論に対する認識は、その後の代議士や外相としての活動にも反映される。

アメリカが参戦するのに先立って、ウィルソン大統領は、賠償金の支払いや領土の割譲のない「勝者なき講和」を唱えていた。パリ講和会議では、この「勝者なき講和」が実現するはずであったが、ドイツは一方的に敗者とされ、過酷で懲罰的な講和条約への調印を強制された。戦後国際秩序となるヴェルサイユ体制は、このパリ講和条約によって規定されたが、その実態は、ドイツを罰して弱体化させることで平和を維持し、同時に、戦勝国の利益を回復・保護しようとする体制にほかならなかった。そして、この体制による平和を維持する国際機関として、国際連盟が設立された。

英米本位の平和主義

講和会議に参加した日本代表団は、懲罰的なヴェルサイユ体制を生んだ講和の実態を目の当たりしたが、その代表団のなかに、後に首相となる近衛文麿《このえふみまろ》がいた。近衛は、講和会議の開催に先立つ一八年一一月に「英米本位の平和主義を排す」と題する論文を発表して、英米が唱える平和の実態に対して疑義を提起していた。近衛は、先発帝国主義国である英米の地位を保全するための大義名分として、平和維持が利用されるのを批判し、日本が国際連盟に加盟する際には、まず帝国主義の排斥と人種の平等を追求すべきであると主張したのである。

後に日本は、英米が主導する戦後国際秩序の不当性を主張し、現状打破政策を追求することになるが、革新思想として表現される現状打破思想は、すでに第一次大戦終結の時点で芽生えていた。松岡は、このような思想をもつ近衛と講和会議において出会っており、それから二〇年後、革新思想を共有する二人は、外相と首相という立場で、現状打破政策を追求し、日本の運命を大きく変えてゆくことになる。

満鉄での活躍

満鉄理事への転身

一九一九年六月の講和条約調印によってパリ講和会議は終了した。その翌年、松岡は本省勤務に復帰したが、その二年後、松岡は外務省を退職し、一七年にわたる外交官のキャリアに終止符を打った。大戦の終結とともに帝国主義時代は終焉を迎え、同盟交渉や戦争によって国益の拡大を図る外交は過去の遺物となった。それゆえ、出世欲の強い松岡は、自らの武器である語学力と交渉力が発揮しにくくなったと悟り、外交官という職業に見切りをつけたのであろう。その松岡が次の職場として選んだのが満鉄（南満洲鉄道）であった。そのきっかけは、満鉄社長の早川千吉郎《はやかわせんきちろう》が、衆議院議員の山本条太郎《やまもとじょうたろう》を通じて、山口に帰っていた松岡に満鉄理事就任を要請したことによる。山本条太郎は、松岡が上海で領事官補を務めていた時の三井物産上海支店長であり、その時以来、両者は昵懇《じっこん》の間柄であった。

半官半民であるとはいえ、企業である満鉄には官僚組織にはない自由闊達《かったつ》さがあり、また、大陸における満鉄の影響力は、外務省や関東軍と並び立つほど強かった。それゆえ、大陸への関心が強かった松岡は、満鉄への転職を決断したのであろう。大戦後の世界は、国際協調を与件として経済を軸に回ろうとしており、そのような時代状況を捉えた松岡は、活躍の場をビジネスの世界に求めたのである。この時、松岡は四一歳になっていた。

ワシントン体制

松岡が満鉄に入社した当時の中国は政治的混沌の渦中にあり、割拠する北洋軍閥が、中華民国政府（北京政府）の政権をめぐって内戦を繰り広げていた。そのような状況を背景に、一九二一年一一月からワシントン会議が開催され、アジア・太平洋地域の地域秩序となるワシントン体制が成立した。ワシントン体制は、中国大陸での現状維持を約した九ヵ国条約、海軍主力艦の保有に制限を加えた五ヵ国条約、そして、太平洋の現状維持を約した四ヵ国条約からなる。東アジアにおける不安定要因は、外国権益の回収と不平等条約改正を求めて過激化する中国のナショナリズムと、大陸における日本の膨張政策であったが、ワシントン体制は、これらの不安定要因を抑え込んで現状維持を図ろうとする国際協調体制であった。そして、満鉄における松岡の活動は、このワシントン体制を背景にして展開される。

松岡入社時の満鉄は、大連《だいれん》から長春《ちょうしゅん》に至る満鉄本線と、奉天《ほうてん》から安東《あんとう》に至る安奉線の二路線しかなく、そのほかには、満鉄が北京政府から経営を請け負う鉄道として、四平街《しへいがい》から洮南《とうなん》に至る四洮線と、長春から吉林《きつりん》に至る吉長線があった。そのような状況下で満鉄路線網の拡張が追求されるが、それまで外務省が担っていた北京政府との路線網拡張交渉は、満鉄自身の手に委ねられた。これは、政府による露骨な路線網拡張交渉が、諸外国から懸念の目でみられるようになったのを受けた措置であった（加藤―二〇〇六）。

外交官の視点をもつ企業家

副社長が空席となっていたため、一九二四年に大平駒槌《おおだいらこまつち》が副社長に就任するまでの間、筆頭理事である松岡が、事実上の副社長として満鉄の経営を取り仕切った。そして、その松岡は、企業経営というよりも、軍事・外交の観点にもとづいて満鉄路線網の拡大を図った。路線網の拡大を通じて、満洲全域に日本の影響力を及ぼそうとしたのである。その点に、外交官の視点をもつ企業家という松岡の特徴があった。

路線網拡張の交渉相手となったのは、満洲を拠点とする軍閥の張作霖《ちょうさくりん》であり、松岡は、まず二四年九月に、四洮線延伸（洮昂線）の契約を成立させた。そして、張が第二次奉直戦争で勝利して北京政府の実権を握ると、松岡は、翌二五年一月に、吉長線延伸（吉敦線）の契約を成立させた。

このように、満鉄理事としての松岡は、満洲を支配する張との協力関係を軸にして路線網拡大を進めたが、ワシントン体制成立後の日本政府は、中国に対する内政不干渉を外交方針としていた。そのため、路線網拡大の見地から張への支援を主張する松岡は、支援に否定的な日本政府を批判した。松岡は、二六年三月に、任期（四年）満了によって満鉄を退職したが、その四ヵ月後、中国では、国家統一を目指す国民党が、軍閥に対する討伐戦（北伐）を開始した（加藤―二〇〇六）。

副社長として満鉄に復帰

一九二七年四月、北伐によって張作霖の劣勢が決定的となり、その一方で、日本では、中国に対する不介入を貫いてきた若槻礼次郎《わかつきれいじろう》内閣（憲政会）に代わって、大陸での積極策を追求する田中義一《たなかぎいち》内閣（政友会）が成立した。そして、中国ナショナリズムから満蒙権益を守ろうとする田中内閣は、北伐軍を牽制して張作霖を支援すべく、三度にわたって山東半島に日本軍を派遣した。

他方、半官半民の特殊会社である満鉄では、この頃までに、政権交代と連動して社長が交代するという慣例ができあがっていた。そのため、政友会内閣の成立を受けて、この年（二七年）の七月、政友会の代議士である山本条太郎が、経営手腕を買われて満鉄社長に就任した。前述のように、山本は松岡を外務省から満鉄に引き抜く役を務めていたが、満鉄社長となった山本は、副社長として松岡を満鉄に呼び寄せた。そして、以後、松岡と山本は、ほぼ二年にわたって満鉄の経営にあたり、経営の多角化を進めて経営体質の改善を図った（加藤―二〇〇六）。

政変に巻き込まれる

松岡が満鉄副社長に就任すると、翌二八年六月、張作霖は、日本による支援の甲斐なく北伐軍によって北京を逐われた。北京政府の政権を失った張は、満洲へ撤退して再起を図ろうとしたが、奉天郊外で、乗っていた列車ごと爆殺された。爆殺の実行犯は満洲の直接支配を狙う関東軍であったが、この事件は日本にも影響を及ぼし、二九年七月、田中内閣は総辞職を余儀なくされた。

そして、日本での政変は松岡にも降りかかった。政権交代と連動して満鉄トップも交代するという慣例に従って、八月に総裁（六月に社長から総裁に改称）の山本が罷免され、これを追って副総裁の松岡も辞職したのである。松岡は、計八年間にわたる満鉄生活において大きな成果を上げたが、その活躍は、政変によって終止符が打たれることになったのである。

時流に乗り切れなかった大衆政治家

松岡が満鉄を退社してから二ヵ月後、世界経済を牽引していたアメリカで株価が大暴落し、これが世界に波及して大恐慌となった。そのような状況下で政友会に入党した松岡は、翌一九三〇年二月、故郷の山口で衆議院選挙に立候補し、当選を果たした。

代議士への転身と満洲権益

この頃、大陸でも大きな動きが生じていた。日露戦争終結後に成立した日清善後条約によって、清朝は、成立したポーツマス条約の承認（すなわち、日本がロシアから満鉄を引き継ぐことへの承認）に加えて、満鉄守備隊の常駐、そして満鉄並行線の建設禁止なども承認していた。並行線の建設禁止によって満鉄の収益力は保障されたが、清朝から移行した北京政府の実権を握る張作霖は、満鉄路線網の拡大で対日協力の姿勢を示す一方で、日清善後条約を無視した。張は、満鉄並行線の建設に着手し、二七年一〇月に打通線を開通させたのである。

その後、張作霖爆殺に対する報復として日清善後条約を否認した息子の張学良《ちょうがくりょう》は、満鉄並行線の建設を公然と開始し、二九年五月に吉海線を開通させた。これらの満鉄並行線問題は、松岡が満鉄副社長を務めていた時期に発生しており、満鉄の独占体制を崩して経営を圧迫するようになっていた。このような状況下で代議士となった松岡は、大恐慌による社会不安を背景にして、政治家の立場で満洲権益の保護を主張する（加藤―二〇〇六）。

満洲事変

政友会代議士となった松岡は、三一年五月の衆議院本会議において質疑演説をおこなった。この演説において松岡は、「満蒙は我が国の生命線」であると表現したうえで、日本が経済的困難のなかにあるにもかかわらず、民政党政権の外交政策には気迫が欠けていると攻撃した。松岡は、大恐慌を乗り切るためには、死活的重要性をもつ満蒙権益の確保と維持に、政府が全力を投入すべきであると主張したのである。満洲事変は、このような状況下で発生した。

三一年九月、柳条湖《りゅうじょうこ》付近で満鉄線路が爆破される事件（柳条湖事件）が発生した。関東軍は、この事件は張学良軍による破壊工作であると発表し、これに対する自衛行為と称して軍事行動を開始した。だが、実際には、この事件は張作霖爆殺事件と同様に関東軍が仕組んだ自作自演の謀略であり、関東軍は、事態を局地的・外交的に収拾しようとする日本政府や陸軍中央の意向を無視した。そして、朝鮮軍の協力を得て軍事行動を満洲全域に拡大させた関東軍は、清朝最後の皇帝である愛新覚羅溥儀《あいしんかくらふぎ》を擁立し、三二年三月に満洲国の建国を宣言した。

国際連盟提訴

当然のことながら、中国側は、日本による侵略行為を国際連盟に提訴した。提訴を受けた連盟は、満洲事変と満洲国の実態を調査すべく、一九三二年一月、リットン調査団を満洲と日本に派遣した。また、連盟非加盟国であるアメリカは、九ヵ国条約（二二年成立）と不戦条約（二八年成立）に違反しているとして日本を非難（スティムソン・ドクトリン）したが、それ以上の措置は講じなかった。

リットン調査団による調査は三二年三～六月にかけておこなわれ、九月に調査報告書が連盟へ提出された。

また、この間の五月、日本国内では五・一五事件が発生して、首相の犬養毅《いぬかいつよし》が殺害された。この事件によって政党内閣の時代は終焉を迎え、代わって海軍出身の斎藤実《さいとうまこと》を首相とする挙国一致内閣が成立する。同内閣の外相には、六年にわたる外相経験をもつ内田《うちだ》康哉《こうさい》が就任したが、満洲事変勃発時、満鉄総裁として事態の不拡大を望んでいた内田は、事態が拡大するなかで強硬派に転向した。外相就任後の八月、内田は、議会において「焦

図1　松岡洋右

土外交」演説をおこない、国を焦土としてでも満洲国の権益を確保するという強硬な立場を強調したのである。そして、日本政府は、翌九月に満洲国との間で日満議定書を調印し、国交を樹立した。

英語で演説する松岡

他方、国際連盟ではリットン調査団提出の報告書をもとに審議がおこなわれたが、ここで松岡が登場する。「満蒙は我が国の生命線」を持論とする松岡は、英語が堪能なうえに交渉に長け、満洲問題に精通していた。これらの点を買われた松岡は、連盟臨時総会に日本全権代表として赴くよう内田外相から要請され、松岡は承諾したのである。

リットン調査団提出の報告書は、柳条湖事件を発端とする日本軍の行動は自衛行為とはいえないと判定したうえで、満洲国は満洲人の自発的意志によって建国されたとする日本政府の主張を否定するものであった。その報告書をもとにした連盟での審議は、一九三二年一〇月から開催された臨時総会において大詰めを迎えたが、そうしたなかで松岡は、一二月八日の臨時総会において、一時間二〇分におよぶ英語演説を無原稿でおこなった。この演説によって、松岡は、リットン調査団の報告書を非難しつつ、日本の正当性を国際社会に向けて主張したのであるが、翌一九三三年二月におこなわれた採決では、賛成四二、棄権一、反対は日本のみという圧倒的多数で報告書が採択された。その結果を受けて、松岡は、準備していた宣誓書を読み上げて不満の意を示すと、臨時総会の議場から堂々と退場した（松岡洋右伝記刊行会―一九七四）。

報告書が採択されると、日本政府は制裁回避を狙って国際連盟からの脱退を決断し、翌三月、連盟に対して脱退を通告した。規定により実際の脱退は二年後となるが、さらなる追及は実施されなかったので、日本政府の狙い通りとなった。

国際連盟脱退とジュネーブの英雄

他方、国際社会に対する説得という任務を達成できなかった松岡は、意気消沈の状態で帰国したと伝えられている。ところが、四月に帰国した松岡を待ち構えていたのは、非難ではなく、賞賛の嵐だった。松岡は、国際連盟総会という大舞台で巧みな英語と弁舌を駆使し、日本としての主張を堂々と展開した。それは、大恐慌を背景にして漲る国内の不満を、日本国民を代弁して国際社会に叩きつける役割を果たした。それゆえ大衆は、「ジュネーブの英雄」として松岡の帰国を熱狂で迎えたのである。これによって松岡の知名度は一気に高まり、一躍して時の人となった（松岡洋右伝記刊行会―一九七四）。

ジュネーブでの活躍は松岡の転機となった。知名度を上げ、大衆から熱狂的な歓迎と支持を受けた松岡は、自身に大衆政治家（ポピュリスト）としての可能性を見出した。庶民として育ってきた松岡は、大衆の求めるものと、その心理を、体感的に読み取ることができたのである。そのため、一九三三年一二月に政友会を離党した松岡は、議員も辞職し、挙国一致体制の確立を目指して政党解消連盟なる組織を設立した。大恐慌は自由主義が生み出した負の産物であったが、その大恐慌に対して有効な対策を打ち出せない政党政治は、世界各国で大きな試練に立たされていた。このような政治状況を機敏に捉えた松岡は、ジュネーブで高まった自身の知名度を追い風にして「昭和維新」を掲げ、既存政党に対する大衆の不満を、政党解消運動として結集しようと考えたのである。

政党解消運動

松岡は、日本社会の欠陥や矛盾を解決するには、社会の低迷を打開できない既存政党を解消して、全体主義的な挙国一致体制をつくりあげる必要があると考えた。それゆえ、松岡の活動は青年層の不満を民族運動に転化させることに向けられ、得意の弁舌をいかして全国各地を遊説して回った（三輪―一九七一）。

政党解消運動は明らかにナチスを模倣したものであるが、ナチスのような成功を収めることはできなかった。そのため、二〇〇万人ともいわれる支持者を集めたにもかかわらず、それが自身の政治基盤に結びつかないと覚った松岡は、三四年末に全国遊説を打ち切り、翌年八月には政党解消連盟を解散させてしまった。実はこの時、松岡は、満鉄総裁就任の打診を受けていたのである。松岡は、ポピュリストであるのと同時に、オポチュニスト（機会主義者）でもあった。

総裁として満鉄に復帰

満洲国建国後、満鉄の役割は大きく変化した。満洲での権益拡大という使命は消滅し、代わって、満洲国での産業育成が要求されるようになったのである。そこでは、企業としての営利活動ではなく、採算を度外視した戦略的な投資が求められた。そのため、満洲国を事実上支配する関東軍は、満洲国の産業開発と華北への経済進出に満鉄を協力させるべく、満鉄を完全な国策企業へと改組し始めた。当然のことながら、満鉄側は、そのような改組に強く反発した。

そのような状況下の一九三四年一二月、南次郎《みなみじろう》が関東軍司令官兼駐満洲国大使（大使は満鉄に対する監督権をもつ関東局長官も兼任）に就任すると、満鉄と関東軍の双方から、松岡を満鉄総裁に据えようとする動きが発生した。南と松岡は、松岡が都督府外事課長を務めていた頃からの親しい間柄であり、関東軍側は松岡を通じた円滑な満鉄改組を、また満鉄側は松岡を通じた満鉄の組織防衛を、それぞれ期待したのである。その結果、政党解消運動に見切りをつけていた松岡は、南からの総裁就任要請を受諾し、三五年八月、総裁として満鉄に復帰することになった（加藤―二〇〇六）。

満鉄総裁となった松岡には、単なる関東軍への協力者に甘んじる意志はなかった。とはいえ、松岡が自主性を発揮できる余地は、ほとんどなかった。

黄昏の満鉄

松岡の総裁就任に先立って、関東軍は満鉄改組の概略を完成させていたのである。

一九三五年以降、日本陸軍は、満洲国を中国から隔離する目的で、華北での親日地帯の設置、いわゆる華北分離工作に着手していた。そうしたなかで、満鉄は、関東軍が三五年一二月に設立した興中公司（華北の経済開発を目的とする国策企業）の出資金を全額負担させられた。そして、翌三六年三月に南次郎が関東軍司令官兼駐満洲国大使を辞任すると、満鉄改組は加速した。まず、松岡が副社長時代に手がけた多くの付帯事業が鉄道事業から切り離され、満鉄の事業規模は大きく縮小した。さらに、満鉄は広大な鉄道付属地を統治する行政機関としての機能を有していたが、鉄道付属地と同付属地に対する行政権は、三七年一二月に、満洲国政府に委譲された。満洲における満鉄の影響力は低下の一途を辿ったのである（加藤―二〇〇六）。

総裁辞任

満鉄が興中公司を通じて担わされた華北への経済進出は、行き詰まった。そして、満鉄が関与した興中公司をはじめとする華北での事業は、日中戦争勃発後、陸軍が新たに設立した「北支那開発」に吸収された。

以上のように、満鉄総裁としての松岡は、軍や政府が主体となって進める産業政策に翻弄され、さしたる自主性や影響力を発揮することができなかった。そのため松岡は、すでに三七年一二月の時点で辞職を考え始めていたが、それでも三九年三月まで総裁を務め、失意のうちに満鉄を去る。松岡が外相として再び表舞台に登場するのは、その一年四ヵ月後である。

現状打破で行き詰まった日本

崩壊した国際協調

満鉄を去った松岡洋右は、その後、外相として政治の表舞台に登場し、現状打破政策を追求することになる。では、なぜ日本は現状打破政策を追求することになったのか。その原因は、第一次大戦終結後に成立した国際協調体制の崩壊にあった。そこで本章の序盤では、松岡外相登場の前史として、第一次大戦終結後の世界経済の展開と、その反動として日本で発生した現状打破の思想を整理しよう。

輸出に依存する日本

第一次大戦が発生するとヨーロッパ諸国は輸出余力を失い、それを埋める形で日米の輸出が劇的に拡大した。大陸とアメリカを主な輸出市場としていた日本は、大戦によって西欧諸国の植民地にも輸出市場を拡大し、その結果、日本の経済規模は三倍以上に拡大したのである。ところが、大戦が終結すると、ヨーロッパ諸国は、戦災復興と戦後反動不況への対策を名目にして、保護主義を追求し始めた。

開国以来、国内市場が貧弱な日本の経済成長は、輸出によって支えられていた。そして、その一方では、インフラ整備にともなう活発な資材輸入のため、日本は慢性的に輸入超過の状態にあった。それだけに、日本にとって輸出は死活的に重要な意味をもっており、大戦後の保護主義の動きは、国内市場が貧弱な日本にとって大きな懸念材料となった。

自由貿易を掲げる国際連盟

パリ講和条約成立後の一九二〇年一月、戦争防止を目的とする国際機関として国際連盟が発足し、戦後国際秩序であるヴェルサイユ体制がスタートした。戦勝五大国の一員である日本は国際連盟の常任理事国となり、戦後国際社会をリードしてゆく立場となった。開国以来の課題であった不平等条約の改正が完了したのが一九一一年であったことと照らし合わせれば、日本は、わずか一〇年足らずの間に、二流以下の国家から一等国へと、のし上がったことになる。

国際連盟は、戦争の防止策として、集団安全保障体制の確立と、国家間の経済障壁の撤廃、すなわち自由貿易体制の確立を掲げていたが、価格競争力を武器にして輸出を伸ばしつつあった新興国の日本は、自由貿易を尊重する連盟と利害を共有していた。それゆえ日本政府は、自由貿易体制の確立を図る連盟の活動を積極的に支援した。

発足後の連盟は、二〇年六月以降、様々な経済分野で国際会議を開催して、自由貿易体制の確立を図った。各国間の複雑な利害関係のため、国際商取引の制度化は遅々として進まなかったが、それでも連盟は、二七年一一月、最重要課題であった輸出入制限撤廃条約を成立させた。この条約には一八ヵ国が調印したが、その後に発生した大恐慌のため、条約批准を拒否する国が相次ぎ、結局、日本を含むわずか七ヵ国が批准したに止まった。

大恐慌と保護主義

大恐慌が発生すると、連盟の活動は、自由貿易体制の確立から保護主義の台頭阻止へと後退した。連盟は一九三〇年二月から関税引き上げ休止会議を開催したが、結論を得るまでに至らなかった。すると、同年六月、アメリカにおいてスムート・ホーリー法（高関税法）が成立し、イギリス連邦もまた、三二年七月からのオタワ会議において特恵関税制度を採用した。

巨大な市場と経済力をあわせもつ英米は、大戦後の世界経済を支える二本柱となっていた。そうしたなかで英米が相次いで追求した保護主義は、自由貿易体制の確立を掲げる連盟の理念に逆行するものであった。それゆえ連盟は、三三年六月からロンドン世界経済会議を開催して、保護主義への世界的傾斜を阻止しようとした。ところが、この会議も失敗に終わり、以後、各国は、国際協調よりも自国の国益、すなわち自国産業の保護を優先させるようになった。植民地をもつ国々は、高関税や非関税障壁などによって、自国植民地の市場から他国の商品や投資を排除するようになったのである。大戦後に生じた平和のための国際協調の機運は、大恐慌による社会不安を背景にして、民主主義によって各国政府が追求する自国第一主義の国際的潮流の前に、あっけなく崩れ去った。

しわ寄せを受ける日本

経済における国際協調体制の崩壊は、植民地をもたない日本のような国々に打撃を与えた。開国以来の日本の主力輸出品はアメリカ向けの生糸であり、大恐慌の発生前には輸出総額の四割近くを占めていた。だが、化学繊維の登場と大恐慌による生糸需要の低下によって、生糸の輸出額はほぼ半分に落ち込んだ。また、大戦終結後、新たな主力輸出品として綿製品が登場するが、低価格を武器にした日本製綿製品は、購買力が低い西欧諸国の植民地において販路を拡大した。綿製品の生産は大恐慌発生後も拡大し、総輸出額の二割を占めるほどになった。だが、日本製品の販路拡大は宗主国の国内産業を圧迫することになり、貿易摩擦を発生させた。そのため、一九三三年以降、日本製綿製品は、インドをはじめとするイギリス植民地やオランダ領東インド（現在のインドネシア）などの大市場において軒並み輸入制限を受け、綿製品の輸出総額は二割ほど減少した。

大恐慌発生後の輸出の減少によって日本の正貨保有量（外貨準備）は大恐慌前の三分の一程度にまで減少したが、このような状況は、慢性的な輸入超過の体質にある日本にとっては国家経済の危機であった。当時、日本は台湾と朝鮮を植民地としていたが、西欧のような経済搾取や移住を目的とした植民地ではなく、安全保障上の緩衝地であった。そのため、市場や資源供給地としての経済価値はほとんどなく、その経営コストは、むしろ日本にとっての重石となっていた。そのため、大恐慌発生後の日本では、植民地を「持たざる国」という立場から、「持てる国」に対する現状打破を唱える革新思想が登場する。

大恐慌発生後の日本では、社会的閉塞状況を背景に、社会主義や国粋主義の影響を受けた様々な革新思想が発生した。革新思想は、大恐慌を招いた欧米の自由主義（資本主義経済体制と民主主義政治体制）を批判し、その改革や現状打破を目指すものであった。松岡洋右が展開した前述の政党解消運動も、そのような革新運動の一形態である。

白鳥敏夫の皇道外交

満洲事変発生後、外務省でも革新運動が発生し、この運動は、一九三七年以降、外交官の白鳥敏夫《しらとりとしお》を次官に擁立する運動へと発展した。白鳥が外務省内で支持を集めた原因は、白鳥の国士的なパーソナリティと、満洲事変後に形成された特異な外交思想にあり、その特徴は、欧米崇拝からの脱却とアジア主義に立脚した皇道外交にあった。皇道外交は、覇道（支配と搾取）を追求する欧米勢力をアジアから排斥して、アジアの盟主として日本が王道（共存共栄）を追求するという思想であり、白鳥は、この皇道外交こそが満洲事変後の日本が進むべき進路であると主張した。そして、このような白鳥の思想は、外務省の若手や中堅層の間で支持者を集め、白鳥をリーダーに仰ぐ革新派と呼ばれるグループが形成されていった（塩崎—一九八五、戸部—二〇一〇）。この時期、松岡は満鉄総裁として満洲経営にあたっており、対外関係を経済の視点から捉えていたが、これに対して白鳥をはじめとする革新派は、思想と観念で対外関係を捉えていたのである。

外務省革新派と外務省アジア派

外務省における伝統的主流は、覇権国である英米との協調関係を重視する親英米派であった。だが、大恐慌によって自国中心主義となった英米が保護主義に転じると、親英米路線に反発する二つのグループが発生した。そのうちの一つが革新派であるが、反英米派の主流を形成したのは、アジア派として分類される、より穏健なもう一つのグループであった。若手や中堅層を担い手とする革新派に対して、アジア派として分類されるのは主として幹部クラスであり、それはまた満洲事変以降の外務省主流でもあった。

白鳥をリーダーとし、アジア主義に立脚した皇道外交のイデオロギーを掲げる革新派に対して、アジア派は、リーダーや組織、また皇道外交のようなイデオロギーをもっておらず、東アジアにおける経済ブロック形成という現実的な目標だけがあった。そのため、観念が先行してイデオロギー偏重の傾向にある革新派に比べて、経済を重視するアジア派は、白より現実主義的であった。それゆえ、満洲事変以後の外務省主流となったアジア派は、白島と急進的な革新派を危険視し、政策立案からの排除を図った。革新派は、軍事力による現状打破に肯定的であるか、積極的でさえあったためである。とはいえ、両派とも、国際秩序の現状打破という革新思想では一致していた。

革新思想と現状打破

現状打破を目指す革新思想が登場した原因は、不平等かつ不条理な国際社会、具体的には、自己中心的で御都合主義の偽善を振り回す欧米への反発であった。その根底には、日本に対する自負とプライドが存在しており、革新派にせよ、アジア派にせよ、すでに大国となっている日本には、国際社会において相応の地位と待遇が与えられるべきであるという共通の意識があった。そのため、当時の大国意識からすれば、植民地を「持たざる国」として保護主義の犠牲者となっている日本の状況は、明らかに不当だったのである。

そして、そのような現状認識は、国際秩序には時代の変化に応じて修正が施されるべきであり、それが実現されないならば、日本には生存権保護のための自力救済、すなわち軍事力を行使してでも自給的経済圏を形成する権利があるという論理を生んだ。また、欧米諸国は、購買力が低い植民地の人々が求める廉価な日本製品を、高関税や非関税障壁によって排斥し、高価な自国製品の購入を強制して搾取していた。革新思想は、このような国際秩序の現状を、国際正義に反するとして批判した。革新思想によれば、欧米諸国が唱える自由主義や平和主義は、植民地を「持てる国」による御都合主義にほかならなかったのであり、それはまさに、パリ講和会議に先立って近衛文麿《このえふみまろ》が発表した「英米本位の平和主義を排す」での主張そのものであった。そして、このような現状打破の論理に立脚した革新思想は、満洲事変以後の日本において支配的となっていった。

一九二〇年代の日本は、国際協調を重視し、積極的に国際連盟に協力した。ところが、大恐慌によって米英が自国中心主義を追求するようになると、それに対応するかのように、日本は国際協調に背を向け、国際秩序の現状打破を追求するようになったのである。

「東亜新秩序」の蹉跌

軍に引きずられる政府

満洲国建国後、日本は、日本陸軍が追求する現状打破政策に引きずられ、日中戦争の勃発を迎える。そして、革新思想の下で、東アジアの新地域秩序となる「東亜新秩序」建設を掲げるまでに至るが、その「東亜新秩序」建設は、日本を破綻状態へと追い込んでゆく。本章の中盤では、その展開を追うことにしたい。

満洲国建国後の日本は、三五年春から華北分離工作を進めた。その目的は、華北に親日傀儡《かいらい》政府を設置して満洲国を中国から隔離し、満洲国の安定経営を図ることにあったが、同時に、世界経済のブロック化によって失った海外市場と資源も求められた。

華北分離工作を開始したのは関東軍や天津軍《てんしんぐん》（支那駐屯軍）といった陸軍の出先であっ

たが、日本政府は、ここでも満洲事変と同様の反応を示した。三六年一月、「第一次北支処理要綱」を決定して、陸軍出先が始めた華北分離工作を追認したのである。これによって華北分離工作は国策となったが、その後、二・二六事件が発生すると、以後、政治外交、さらには財政や経済に対する軍の干渉が常態化していった。すなわち、軍国主義へと突入してゆくのである。

安易な認識で始めた戦争

一九三七年七月七日の盧溝橋《ろこうきょう》事件は、華北分離工作によって日中関係が一触即発の状態にまで悪化したなかで発生した。この偶発的な発砲事故をきっかけにして、日中は、互いに宣戦布告をしないままに全面戦争へと突入していったが、日本側で設定された戦争目的は、華北分離工作の完成にあった。開戦時、日本では「対支一撃」や「暴支膺懲《ようちょう》」といったスローガンが唱えられたが、その根底には、中国に対する侮蔑意識があった。とはいえ、日本には、広大な領土と巨大な人口をもつ中国を相手に、長期にわたる全面戦争を戦えるほどの国力はない。それゆえ日本陸軍は、限定戦争の方針で日中戦争に臨んだ。すなわち、作戦範囲を限定して短期決戦を追求し、中国軍に大打撃を与えることで早期に講和を引き出そうとしたのである。だが、短期決戦を狙って発起された華北作戦（三七年七～一〇月）と上海作戦（同一一～一二月）は、いずれも失敗に終わった。

その原因は、中国軍が決戦を回避して奥地に後退する戦略を採用したことにあり、日本陸軍は、中国軍との決戦にもち込めなかったばかりか、後退する中国軍の捕捉にも失敗した。そのため日本軍は、後退する中国軍を追って内陸に侵攻し、一二月一三日に首都南京を占領した。これに対して中国政府は、重慶《じゅうけい》への遷都で対抗し、停戦と和平を拒否した。中国側の抗戦意志は、それほどまでに強固であり、その結果、安易な認識で始めた戦争は、忌避すべき長期戦の様相を呈し始めた。

行き詰まった戦局

一九三八年一月、近衛文麿首相は、南京占領を受けて「爾後《じご》国民政府を対手《あいて》とせず」との声明（第一次近衛声明）を発表した。この声明は一方的な勝利宣言であったが、実際に戦争が終結したわけではなかった。それゆえ日本陸軍は、徐州《じょしゅう》作戦（三八年四～五月）を発動して再び決戦を狙ったが、この作戦も失敗に終わった。その結果を受けて、以後の軍事作戦は、中国軍への打撃を狙った包囲殲滅戦から、中国政府への圧力を狙った要衝の占領に切り替えられ、武漢三鎮《ぶかんさんちん》の占領を目的とする武漢作戦（三八年六～一〇月）と、香港から重慶に至る物流ルートの遮断を狙った広東《こうとう》作戦（同九～一〇月）が実施された。だが、主要部のほとんどを占領されても中国政府は抗戦姿勢を崩さず、これらの作戦も失敗に終わった。

日本政府は、徐州作戦に先立って国家総動員法を成立させ、日中戦争の長期化に対応していた。とはいえ、武漢作戦終了の時点で日本の軍事的動員能力は限界に達し、さらなる大規模軍事作戦の実施は不可能となった。かくして日本は、忌避していた中国との長期にわたる全面戦争に突入し、中国の主要部をほとんど占領しながらも戦争終結の見通しが立たないという最悪の状況に陥った。このような膠着状態は日中戦争の泥沼化と表現されるが、安易な認識で日中戦争を開始した日本は、まさに身動きのとれない泥沼の深みにはまったのであった。

「東亜新秩序」

日中戦争が泥沼化するなかで、近衛首相は一九三八年一一月に再び声明（第二次近衛声明）を発表した。この声明は、日中戦争の目的は東アジアにおける新国際秩序（東亜新秩序）の樹立であると宣言したうえで、その目的を達成するために日本は戦い抜くという決意を示すものであった。この声明によって、華北分離工作の完成を目的に開始された日中戦争は、その目的と意味を大きく変化させることになった。

軍事作戦による戦争終結に行き詰まった日本政府および軍は、「東亜新秩序」の実体化によって、抗戦を続ける中国政府を相対化して埋没させ、事実上の戦争終結を図ろうとした。「東亜新秩序」は、台湾と朝鮮を含む日本、満洲、そして日中戦争において日本が得た大陸での広大な占領地によって構成され、欧米の経済ブロックに対抗する自給的経済圏の形成を目的とした。第二次近衛声明の発表は、現状維持体制であるワシントン体制の一方的な改編を意味したが、それは、領土を侵食された中国のみならず、国際秩序の現状維持を図る英米との対立をも決定的なものとした。

「東亜新秩序」の実体化

「東亜新秩序」の実体化は、第二次近衛声明の発表を境にして本格始動した。

実体化は、すでに日本軍が占領地に設置していた北京の中華民国臨時政府と南京の中華民国維新政府を合併して傀儡中央政府を樹立するという形をとったが、ほとんど進展しなかった。その原因は、既存の傀儡政府に対する中国民衆の支持の低さと、傀儡政府を経済的にバックアップする日本の金融力の貧弱さにあった。「東亜新秩序」の看板を掲げたものの、日本は、華北と華中における政治的・経済的支配権を確立できなかったのである（小林―一九九三）。

「東亜新秩序」の自己矛盾

その一方で「東亜新秩序」は、貿易収支の悪化という大きな問題を発生させた。日本経済は慢性的に輸入超過の体質にあったが、対中貿易だけは輸出超過となっており、対中貿易での黒字によって対米・対欧貿易の赤字を減殺する構造になっていた。ところが、日中戦争が勃発すると対中輸出は途絶し、占領地域への輸出は円系通貨によって決済されたため、外貨獲得にはつながらなかった。さらに、日中戦争の長期化を受けて日本政府は統制経済を開始したが、軍需優先で運営される統制経済は輸出力の減退を招き、欧米経済圏からの軍需物資輸入の増加と相まって、慢性的な貿易赤字をさらに拡大させた。

そして、貿易収支の悪化以上に深刻な問題となったのが、貿易の構造であった。満洲国建国以来（さらには第一次大戦後）、陸軍は、軍を強化・近代化するための戦略物資を求めて、大陸での拡張政策を追求していた。ところが、中国大陸で得られる戦略物資は乏しく、石炭と鉄鉱石以外には見るべき資源はなかった。

その結果、日本は、「東亜新秩序」をめぐって英米と対立する一方で、その英米への貿易依存度を高めるという矛盾に陥った。実際、日中戦争下の日本は、消費する戦略物資の七〇％以上を英米経済圏からの輸入に依存しており、石油に至っては総輸入量の九〇％以上を対米輸入に依存していた（当時最大の産油国はアメリカであった）。「東亜新秩序」は、日中戦争における戦略的失敗の代償として手に入れた広大な占領地に、現状打破のイデオロギーが組み合わさったことでにわかに生み出された砂上の楼閣《ろうかく》に過ぎなかったのである。

現状打破と現状維持

本章の終盤では、「東亜新秩序」が国際問題化してゆく展開を整理しよう。日中戦争勃発の二ヵ月後（一九三七年九月）、中国政府は日本を国際連盟に提訴したが、連盟を脱退していた日本は協議への参加を拒否した。そのため、日中戦争に対する処置は九ヵ国条約会議（ジュネーブ会議）に委ねられたが、やはり日本は協議への参加を拒否し、日本不在の状態で協議がおこなわれたものの、成果はなかった。

またも中国を見捨てた国際連盟

その後、中国政府は再三にわたって日本を提訴したが、これに対して連盟は、三八年九月末までに、対日制裁の発動は加盟各国の自主的判断に委ねるとする決定を下して対応した。すなわち、連盟は再び中国を見殺しにしたのである。その背景には、ヨーロッパで高まりつつあった軍事的緊張があった（伊香―二〇〇〇）。

独伊を宥和する英仏

一九三三年一月に誕生したナチス政権の下で、ドイツは屈辱的なヴェルサイユ体制の解体にのりだした。三五年三月の再軍備宣言に続いて、三六年三月にラインラント進駐、三八年三月にオーストリア併合を強行したのである。いずれも、パリ講和条約に違反する行為であった。また、ムッソリーニ政権下のイタリアは、三五年一〇月からエチオピア侵攻を開始し、翌年五月に、これを併合した（エチオピア戦争）。これらの行為に対して、連盟は実効的な制裁を科さなかった。満洲事変において集団安全保障体制の機能を発揮しなかった連盟は、その後に独伊が展開した現状打破政策に対しても、機能を発揮しなかったのである。

その原因はイギリスにあった。満洲事変後、中心的常任理事国であるイギリスは、連盟を紛争処理に関与させないことで、連盟の権威が完全に失墜するのを防ごうとしたのである。日中戦争において連盟が機能しなかった原因も、そこにあった。

三〇年代後半の国際社会では、もはや、大国が関与する国際紛争に対して集団安全保障体制が機能することはなく、力によって支配される権力政治の世界に逆戻りしていた。このような国際状況にあって、第一次大戦後の英仏の国民世論は、悲惨な戦争体験によって極端なまでの反戦・平和主義を示していた。それゆえ英仏両政府は、独伊と軍事的に対立してまでヴェルサイユ体制を維持する意志をもたなかった。また、現実問題として、大戦によって国力が低下していたイギリスには、独伊と軍事的に対決できるだけの国力はなく、イギリス以上に弱体化していたフランスに至っては、弱腰のイギリスに追随するしかなかった。それゆえ英仏両政府は、ヴェルサイユ体制の軍事的解体にのりだした独伊に対して、宥和を図る以外の選択肢をもたなかったのである。これは、対日関係においてもあてはまった。

国際関与を拒否するアメリカ

それゆえ、国際秩序の維持においてカギを握ることになったのが、巨大な国力をもつアメリカの去就《きょしゅう》であった。日中戦争では、国際連盟よりも九ヵ国条約会議による処理が優先されたが、その背景には、現状維持の負担を連盟非加盟国であるアメリカにも負わせようとする、英仏両政府の狙いがあった。

ところが、アメリカには国際秩序の維持に関与する意志はなかった。その原因は、英仏と同様に、悲惨な戦争経験による平和主義の国民世論と、これによって生み出された伝統的孤立主義への回帰にあった。大戦後のアメリカは、国際連盟への加盟を拒否し、国外問題への関与を忌避し続けていたのである。その象徴が、一九三五年に成立した中立法であり、他国の戦争に巻き込まれるのを防止するため、交戦国との関係に対しては、中立法による厳しい法的制限が課されていた。日中が宣戦布告をせずに全面戦争に突入した理由も、この中立法の適用を回避してアメリカから戦略物資を輸入するためであった。

日本との対立を回避するイギリス

アメリカは、ヨーロッパの国際秩序であるヴェルサイユ体制には関与していなかったが、東アジアの国際秩序であるワシントン体制には、九ヵ国条約を通じて関与していた。それゆえアメリカは、他の条約締結国と同様に、東アジアの現状維持に対して一定の責任を負う立場にあった。ところが、守るべき権益を東アジアにもたないアメリカは、孤立主義を堅持して、その責任を回避した。その結果、東アジアにおいて多くの権益をもつイギリスは、九ヵ国条約会議後、現状打破政策を追求する日本と単独で対峙しなければならなくなった。

こうしたなかで、国際連盟による対日制裁の発動を阻止したい日本政府は、イギリスが連盟において対日制裁を決議するならば日英戦争が発生することになると示唆して、イギリス政府を威嚇した。アメリカの介入が見込めない以上、より重要度の高いヨーロッパでの緊張に直面していたイギリス政府としては、中国を見捨てるしかなかった。対日制裁の発動は加盟各国の自主的判断に委ねるとの決定を連盟が下した背景には、このようなイギリスの事情が作用していたのである（伊香—二〇〇〇）。

援蔣ルートを通じた対中支援

国際連盟を通じた対日制裁発動こそ回避したものの、「東亜新秩序」に反対する英仏そしてアメリカは、経済援助によって中国政府を支援した。重慶に遷都した中国政府は、香港から重慶に至る補給路（香港ルート）を通じて軍需物資を入手していた。

だが、広東が占領されると香港ルートは使用できなくなり、新たな補給路（援蔣ルート）として、仏領インドシナ（ベトナム）を起点とする仏印ルートと、英領ビルマ（ミャンマー）を起点とするビルマルートが開設された。これらの援蔣ルートを通じておこなわれる英仏米による経済支援こそが、中国の抗戦力を支えていた。

援蔣ルート遮断

一九三八年秋以降、軍事作戦による戦争終結に行き詰まった日本政府および軍は、「東亜新秩序」の実体化によって中国政府の存在を埋没させ、それによって事実上の戦争終結を図ろうとした。だが、その見通しは悲観的であったため、中国政府との和平も追求せざるを得なかった。そして、和平を迫る手段として位置付けられたのが、援蔣ルートの遮断であった。中国政府を兵糧攻めすることで、和平を引き出そうとしたのである。

仏印とビルマの両ルートは雲南《うんなん》省昆明《こんめい》で合流して重慶に通じていたが、戦線を過剰拡張させていた日本軍には、内陸の山岳地帯に位置する昆明を攻略できるだけの能力はなかった。そのため、援蔣ルートを遮断するには、空爆によって物理的切断を図るか、外交交渉によって英仏両政府にルートの閉鎖を求めるしかなかった。そこで浮上してきたのが、日本と同じく現状打破政策を追求する独伊との提携であった。

独伊との関係強化

ソ連と共産主義を共通の敵とする日独は、両国が国際連盟を脱退した後の一九三六年一一月に日独防共協定を結んだ。日中戦争勃発後の三七年一一月には、イタリアの加入によって日独伊防共協定となったが、この時期、現状打破政策を追求する三国にとっての主敵は、ソ連よりも、むしろ、国際秩序の現状維持を図る英仏となっていた（この時点では、孤立主義をとるアメリカは意識されていない）。その結果、日独伊の間では、ソ連と共産主義に対する政治的協力を約したに過ぎない日独伊防共協定を、英仏をも対象にした普遍的軍事同盟に強化しようという動きが発生する。これが、第一次三国同盟交渉とも位置付けられる防共協定強化交渉である。

防共協定の普遍的軍事同盟化を提起したのはドイツ政府であった。ナチス政権成立以来、ヒトラー総統は、反共産主義とロシア・東欧における「生存圏」の確立をイデオロギーに掲げ、反ソ親英の対外政策を追求していた。ところが、三八年二月にリッベントロップが外相に就任すると、ドイツの対外政策は反英へと転換した。日独防共協定成立の立役者であったリッベントロップは、東欧への軍事侵攻阻止を図る英仏への対抗策として、日伊、特に日本との軍事同盟を成立させようと考えたのである。その狙いは、日本を利用してアジアから英仏、さらにはソ連を牽制することにあり、それゆえリッベントロップ外相は、この年の七月に、防共協定の普遍的軍事同盟化を日伊に提案した。

日本では、この提案に陸軍が積極姿勢を示し、八月から国内協議が開始された。当初陸軍は、急速に軍事力を強化しつつあるソ連への対抗策として独伊との軍事同盟を位置付けていた。だが、この年の秋以降、日中戦争の泥沼化を背景にして、独伊との軍事同盟は、援蔣ルートの閉鎖を英仏に要求するうえでの圧力として位置付けられてゆく。

「東亜新秩序」をめぐる日英対立

一九三九年以降、日本では、イギリスこそが日中戦争の終結と「東亜新秩序」形成を妨げているとの認識が定着しつつあった。実際、イギリス政府は、援蔣ルートを通じた物的支援のみならず、金融支援などによっても中国政府を支援していた。そのような状況のなかで、三九年四月、イギリスの天津租界（イギリス管理下のイギリス人居留地）において、親日派の中国人海関《かいかん》（税関）監督が暗殺された。日本陸軍はイギリス側に容疑者の引き渡しを要求したが、拒否されたため、六月から天津租界を封鎖し、容疑者の引き渡しに加えて、中国に対する支援行為の停止もイギリス側に要求した。

七月になると、この問題は有田八郎《ありたはちろう》外相とクレーギー駐日大使による会談で解決が図られ、イギリス側の譲歩によって有田・クレーギー協定と呼ばれる原則合意が、二二日に成立した。ドイツのポーランド侵攻が迫りつつあるなかで、対独関係と対日関係の板挟みに陥っていたイギリス政府は、優先度の低い対日問題において譲歩することを選択したのである。ところが、その後の協議において、イギリス政府は妥協的な態度を硬化させ、八月二〇日に協議は決裂した。

ついに動き出したアメリカ

イギリス政府が妥協的態度を翻した理由は、アメリカの変化にあった。孤立主義に回帰していたアメリカ政府は、満洲事変では、スティムソン・ドクトリンを発表して日本を非難するのに止め、日中戦争においても、三八年七月から、日本に対して航空機用物資の道義的禁輸を実施するのに止まっていた。

ところが、「東亜新秩序」を掲げる日本の圧力の前にイギリス政府が屈し、七月二二日に有田・クレーギー協定が成立すると、ついにアメリカ政府が動いた。同協定の成立によって「東亜新秩序」の実体化が進展するのを懸念したアメリカ政府は、その四日後、日米通商航海条約の廃棄を日本政府に通告したのである。

これによってアメリカ政府は、条約が失効する六ヵ月後に、対日経済制裁発動の自由を手にすることになった。イギリス政府が日本に対する態度を一変させた理由は、この措置にあった。だが、米英政府は対日政策で連携していたわけではなく、アメリカ政府はあくまでも独自の判断と立場で行動していた。

脅かされる日本経済

前述のように、当時の日本は、必要とする戦略物資の七〇%以上を英米の経済圏から輸入していた。その事実は日本政府も把握しており、それゆえ日本政府は、一九三七年一一月~翌年一〇月にかけて、国際連盟や英米が対日経済制裁を発動した場合の貿易対策を検討した。その結果は悲惨きわまるものであり、英米が対日経済制裁を発動すれば日本経済は立ちゆかなくなり、その一方では、英米を代替する輸入相手は見出せないというものであった(渡辺一一九八五)。

これにより、自給的経済圏を謳う「東亜新秩序」が画餅《がべい》に過ぎないことが明らかとなったが、それでも日本政府は、翌月に第二次近衛声明を発表して、「東亜新秩序」の形成を国内外に宣言するという愚挙に出ていた。こうした状況下でもたらされた日米通商航海条約の失効は、日本にとって大きな脅威となった。「東亜新秩序」を追求する日本の前に、巨大な国力をもつアメリカが立ちはだかったのである。

決断を下せなかった日本

他方、独伊との防共協定強化交渉は難航していた。その原因は、日本政府内での意志決定にあった。陸軍は普遍的軍事同盟化に賛意を示したが、海軍と外務省が、反対する姿勢を示したのである。英仏をも対象とする軍事同盟を成立させれば、英仏に加えて、その背後に控えるアメリカとの関係をも悪化させるというのが、その理由であった。経済における対米依存度と、強大な国力をもつアメリカとの軍事的衝突のリスクを鑑みれば、当然の主張であった。

陸軍と海軍・外務省の意見対立は熾烈をきわめ、協議が重ねられたものの、両者の意見は並行線を辿った。そのような状況は、近衛内閣から平沼騏一郎《ひらぬまきいちろう》内閣へと政権が交代（一九三九年一月）しても変化はなく、交渉開始から一〇ヵ月が経過しても、日本政府としての最終決定を下せずにいた。そのため、業を煮やした独伊政府は、三九年五月に、二国間で軍事同盟（独伊鉄鋼条約）を締結したが、防共協定強化交渉は、なおも続けられた。

裏切るドイツ

一九三八年七月に防共協定強化交渉が開始されると、ドイツ政府は、ナチス政権発足以来の目標である東方への侵出に着手した。すでにドイツは同年三月にオーストリアを併合していたが、その後は、九月のミュンヘン会議を経てチェコスロバキアのズデーテン地方も併合した。

この時、ヒトラーは、ズデーテン併合は「最後の領土的要求」であると明言したが、その約束は反故にされた。翌三九年三月、ヒトラーは、武力行使の威嚇によって、ボヘミアとモラヴィアの併合をチェコスロバキア政府に同意させ、さらに同月、メーメルの返還をリトアニア政府に同意させたのである。こうなると、ヒトラーの次のターゲットがダンツィヒ回廊をめぐって係争するポーランドであることは明白であった。そのため英仏両政府は、翌四月、ポーランドへの援助を表明し、同時に、ドイツを挟撃すべくソ連政府との交渉を開始した。

これに対してドイツ政府は、英仏とソ連による挟撃回避を図って翌五月から対ソ交渉を開始し、英仏とソ連の連携阻止を図った。そして、強引な交渉が奏効して、八月二三日に独ソ不可侵条約が成立した。独ソの衝突が英仏の狙いであると読んだソ連政府は、英仏との対独共同戦線ではなく、ドイツとの平和共存を選択したのである。この時、ドイツ政府は日伊との間で防共協定強化交渉を進めていたが、そうしたなかで事前の通知なしに独ソ不可侵条約を成立させたことは、日伊にとってみればドイツによる裏切り行為にほかならなかった。

「複雑怪奇」

独ソ不可侵条約の成立は、日本外交の基軸となっていた反ソ反共での日独提携を破綻させ、同時に、日独提携の強化を日中戦争の終結策として利用しようとする陸軍の目論見も破綻させた。また、日本はこの年の五月からソ連との間で戦争状態（ノモンハン事件）にあり、それだけに独ソ不可侵条約が突如成立したことの衝撃は大きかった。

その結果、時局に対応できなくなった平沼内閣は、八月三〇日、「欧州の天地は複雑怪奇」という有名な談話を発表して総辞職した。そして、ドイツに対する抗議として防共協定の破棄が検討されるには至らなかったものの、防共協定強化交渉は有耶無耶のうちに自然消滅した。日本が進めてきた満洲事変以来の現状打破政策は、完全に行き詰まることになった。

「自主外交」の追求

「東亜新秩序」建設に行き詰まるなかで欧州戦争の勃発に直面した日本は、「自主外交」と呼ばれる日和見的な中立政策を追求する。ここでは、その「自主外交」を整理しておこう。

欧州戦争の勃発

独ソ不可侵条約を成立させて英仏とソ連による挟撃の危険を除去したドイツは、一九三九年九月一日未明、ポーランドへの軍事侵攻（白作戦）を開始した。これに対して英仏両政府は、ポーランドを支援すべく対独宣戦布告し、欧州戦争が勃発した（日米が参戦していなかったことなどから、当時の日本では、そのように呼ばれていた）。

他方、この時期の日本は混乱をきわめた。七月の日米通商航海条約廃棄通告によって経済基盤が不安定化し、八月の独ソ不可侵条約成立によって外交政策の基軸が瓦解した。さらに、泥沼化した日中戦争は三年目に突入しており、ノモンハンでは、八月二〇日から開始されたソ連軍の大攻勢によって、日本軍は壊滅的な敗北を喫していた。このようななかで、元陸軍大将の阿部信行《あべのぶゆき》を首班とする新内閣が、八月三〇日に成立し、内閣発足の二日後に勃発した欧州戦争に対して、中立不介入の方針を表明した。

「自主外交」路線

阿部内閣の成立には天皇や宮中筋の意向が作用しており、穏健派の元陸軍軍人である阿部首相には、悪化した英米との関係修復が期待されていた。それゆえ阿部内閣は、成立後に「自主外交」の推進を掲げたが、成案があったわけではなく、その具体的方策については、外務省が中心となって策定作業を進めた。その結果、一二月二八日に「対外施策方針要綱」が完成し、陸海外三相の承認を受けた。その政策方針は、勃発した欧州戦争に対して中立不介入の立場をとり、提携関係の解消こそしないものの、独伊とは一定の距離を置き、自力で日中戦争の終結を図るというものであった。また、経済問題については、新通商条約の締結を目指して対米関係の改善を図り、同時に輸入貿易の多角化を進めて、経済基盤の安定化を図るという方針が打ち出された。ただし、破綻が明白になっていた「東亜新秩序」については、断念の検討さえされなかった。

対ソ関係の修復

「対外施策方針要綱」の完成は内閣成立の四ヵ月後であったが、「自主外交」は内閣成立直後から開始されており、対ソ関係の修復、自力での日中戦争終結、対米関係の改善、そして輸入の多角化という施策によって追求された。最初に着手されたのはノモンハン事件の収拾であった。ノモンハン事件の原因は満洲国とモンゴルの国境紛争であったが、阿部内閣は一九三九年九月一五日に停戦協定を成立させると、一一月二〇日に、ソ連政府との間で通商協定交渉の実施で合意を成立させた。国境線の画定こそ先送りとなったものの、最悪の状態にあった対ソ関係は、年末までに著しく改善した。

日中戦争の自力終結

自力での日中戦争終結は、規定方針である傀儡中央政府の樹立と、和平の引き出しを目的とした援蔣ルートの遮断が、同時並行で追求された。まず追求されたのは外交による援蔣ルート閉鎖であり、特に仏印ルートの閉鎖が重視された。雲南鉄道を利用した仏印ルートは、トラック輸送であるビルマルートに対して三倍の輸送力があり、抗戦を続ける中国政府にとっての大動脈となっていたためである。

フランス政府に対する仏印ルート閉鎖の働きかけは一一月三〇日に開始されたが、日仏双方の主張は並行線を辿り、早々に暗礁にのりあげた。そのため物理的な切断が選択され、一二月三〇日から、中国領内の雲南鉄道に対して空爆が開始された。ところが、峻険な山岳地帯に線路が敷設されていたため、空爆の効果はほとんどなかった。また、中央傀儡政府樹立工作にも大きな動きはなく、阿部内閣の下で追求された日中戦争の自力終結は、その兆しさえみえなかった。

失敗に終わった対米関係改善

阿部内閣の最重要課題は、日本経済の死命を制する立場にあるアメリカとの関係の改善であった。阿部内閣成立当初、外相は首相の阿部が兼任していたが、九月二五日に、専任の外相として野村吉三郎《のむらきちさぶろう》が据えられた。海軍穏健派の長老である野村はアメリカからの受けがよく、その野村を外相に据えることで、対米改善の意欲をアメリカ政府に示そうとしたのである。

野村外相とグルー駐日大使による会談は、グルー大使の日本帰任を待って一一月四日から開始された。この会談において、野村外相は、外国資本の中国進出を歓迎する意向を示すなどして「東亜新秩序」の排他性を否定し、アメリカ側に譲歩する姿勢を示した。だが、これに対してアメリカ側は、東アジア政策の原則である門戸開放にもとづいて、「東亜新秩序」の撤回を要求して譲らなかった。そのため、一二月二二日の第四回会談をもって会談は事実上決裂し、翌一月二六日以降、対米通商は無条約状態となることが確定した。

対米関係の改善が失敗に終わると、必然的に輸入貿易の多角化が死活的重要性を帯びた。そして、経済問題を管轄する企画院が多角化の候補として特に重視したのが、日本に近く、多くの戦略物資を産出する南方地域（東南アジア）であった。日本政府が南方地域に対して寄せた期待は戦略物資の輸入であったが、前述のように、日本は慢性的に輸入超過の体質にあり、その状況は、日中戦争にともなう戦略物資の輸入増加によって、さらに悪化していた。そのため、戦略物資の輸入とともに重視されたのが、輸入資金の確保を目的とする輸出の拡大であり、それゆえ日本政府は、南方地域において植民地をもつ西欧諸国に対して、戦略物資の対日輸出拡大と同時に、対日輸入や投資に対する制限の撤廃を求めてゆくことになった。

輸入貿易の多角化

南方地域は、イギリス、フランス、オランダの三国による分割支配の状態にあった。イギリスは英領ビルマ、英領マレー、英領北ボルネオ、そしてシンガポールなどからなる海峡植民地を、フランスは仏領インドシナ（仏印）を、そしてオランダは蘭領東インド（蘭印）を支配していた。このうち、日本政府が注目したのが蘭印であった。蘭印の宗主国であるオランダは欧州戦争の中立国であるため、戦争の影響を受けずに経済関係の強化が図れると判断されたのである。

蘭印との経済関係強化

そして、蘭印が注目された何よりの理由は資源の豊かさであった。地積が最大なだけに、英仏の植民地に比べて産出される資源の種類と量が突出していたのである。特に、蘭印で産出される石油、ボーキサイト、ニッケル、ゴムは、戦略物資としての重要性が高かった。それゆえ阿部内閣は、早くからオランダ政府との交渉に着手し、一〇月二日、石射猪太郎《いしいいたろう》駐蘭公使を通じて、経済交渉の実施をオランダ政府に申し入れた。

信用されない日本

一九三四〜三五年にかけて発生した蘭印に対する日本の急速かつ大規模な経済進出は、日蘭間の経済摩擦となり、その結果として、三七年四月に「石沢《いしざわ》・ハルト協定」が成立していた。同協定によって様々な分野で厳しい排日障壁が設定されたが、日本の急速かつ大規模な経済進出は、オランダ本国の経済に大きなダメージを与え、恐怖や嫌悪にも似た対日警戒感をオランダに生じさせていた。

また、日本には、権益奪取を狙ってドイツ植民地を占領したり、北京政府に対して対華二一ヵ条要求を突きつけるなどして、火事場泥棒を働いた第一次大戦での過去があった。さらに、満洲事変以降の日本は、軍事力による露骨な拡張政策を大陸において追求しており、そのため、オランダ政府は、蘭印に対する日本の領土的野心を強く警戒していた。

こうした状況を背景にして、一一月二三日、石射公使とクレフェンス外相の間で、経済交渉の実施で基本合意が成立した。ところが、日本政府が排日障壁の撤廃と包括的な経済関係強化を求めると、日本を警戒するオランダ側は、交渉方法と議題について様々な注文をつけ、経済交渉の開始を渋った。そして、経済交渉の開催日が決まらないままに、阿部内閣は、経済政策上の行き詰まりから、総辞職となった。「自主外交」を追求した阿部内閣は、対ソ関係の修復以外には見るべき成果を上げることができなかったのである。

「自主外交」から南進政策へ

南進論の発生

日和見主義の「自主外交」

「自主外交」は最終的に破綻し、一九四〇年七月の第二次近衛文麿《このえふみまろ》内閣成立と松岡洋右の外相就任へと至る。本章では、なぜ「自主外交」が破綻し、松岡が政治の表舞台に登場することになったのかを追っていこう。

「自主外交」における最重要課題は対米新通商条約の締結であった。だが、それを実現させるには、アメリカが反対する「東亜新秩序」の是非を再検討して、大胆な政策変更を決断する必要があった。「東亜新秩序」の破綻が明白になっていたことを考えれば、なおさらである。ところが、「東亜新秩序」をめぐる是非は検討すらされなかった。その結果、対米関係の改善策は、アメリカ側に対して若干の譲歩を示す程度に止まり、新通商条約の締結は失敗に終わった。阿部信行《あべのぶゆき》内閣が追求した「自主外交」は、独伊との提携を追求するものでもなければ、アメリカとの完全な和解を図ろうとするものでもない、中途半端な日和見主義に過ぎなかったのである。

「自主外交」が日和見主義に止まった原因は、当時の日本が陥った埋没費用効果にあった。開戦以来、日本は日中戦争に多額のコスト（国家予算と将兵の人命）を費やしていたが、その戦争目的となっていた「東亜新秩序」はすでに破綻状態にあった。「東亜新秩序」は、完成の見込みが立たないばかりか、仮に完成しても自給的経済圏にはなり得なかったのである。とはいえ、「東亜新秩序」の放棄は、それまでの莫大な投下コスト（一九三七〜四〇年までの軍事費総額は一七二億円以上で、毎年国家予算の七〇％以上が軍事費につぎ込まれていた）を無に帰すことになり、国内政治的には不可能に近い決断であった。それゆえ阿部内閣は、見込みの薄い投下コストの回収を求めて、さらなる追加投資、すなわち「東亜新秩序」建設の継続を図ることしかできなかったのである。日本は依然として日中戦争の袋小路から抜け出せずにいた。

「自主外交」を引き継いだ米内内閣

一九四〇年一月一六日、阿部内閣は経済政策における行き詰まりによって総辞職し、代わって穏健派の海軍軍人である米内光政《よないみつまさ》が新内閣の首班となった。阿部内閣と同様に、米内内閣の成立においても天皇・宮中筋の意向が働いたが、やはり政権基盤は脆弱であった。

その米内内閣の外相には、外務省アジア派の重鎮である有田八郎《ありたはちろう》が就任した。有田は第二次近衛声明発表時の外相であり、広域経済圏の形成を持論としていた。だが、その一方で、平沼騏一郎《ひらぬまきいちろう》内閣の外相在任時の有田は防共協定の普遍的軍事同盟化に反対しており、「東亜新秩序」は支持するものの、米英との軍事的衝突は回避するという、アンビバレントな思考をもっていた。実際、内閣成立直後に「自主外交」の継続を表明した有田は、二月一日の議会演説において、英米との関係改善に前向きな姿勢を示す一方で「東亜新秩序」建設への強い決意を表明した。とはいえ、矛盾する二つの目標追求が両立できるはずはなく、「自主外交」は破綻を来してゆくことになる。

仏印ルート遮断と汪兆銘政府

米内内閣は阿部内閣の日中戦争終結策を引き継ぎ、仏印ルートの遮断を図って、閉鎖を求める外交交渉と空爆による物理的切断を同時並行で展開した。だが、状況に変化はなく、日本政府は、フランス側からの抗議を受けながら、成果のない空爆を繰り返した。

他方、傀儡《かいらい》中央政府の樹立工作は、国民党第二位の地位にあった汪兆銘《おうちょうめい》の担ぎ出しに成功し、三月三〇日に、南京での汪兆銘政府（南京国民政府を自称した）成立という成果を生んだ。だが、盤石な政権基盤をもつ安定政権とはならなかったため、日本政府は汪政府に対する国家承認と国交樹立を見合わせた。日中戦争の終結は、依然として兆しさえ見出せなかった。

ドイツ軍がポーランドに侵攻すると、その二日後、英仏両政府はポーランドとの相互援助条約にもとづいて対独宣戦布告した。だが、英仏軍がドイツ領内に侵攻することはなく、ポーランドは一ヵ月余りで制圧された。その後、戦争は半年ほど中断の状態となったが、平穏は長くは続かなかった。一九四〇年四月九日早朝、ドイツ軍は、スウェーデン産鉄鉱石の輸送ルート確保を日的に、デンマークとノルウェーに対する侵攻作戦（ヴェーザー演習）を開始したのである。

欧州戦争の再燃と蘭印

欧州戦争が再燃すると、日本政府は蘭印との経済関係強化に影響がおよぶのを懸念した。そのため、有田外相は、四月一五日の記者会見において、「蘭印の現状変更に対して深甚なる関心」を有する旨の声明を発表し、同時に、石射猪太郎《いしいいたろう》公使を通じて、経済交渉の早期開催をオランダ政府に督促した。これに対してオランダ政府は、戦争に対する中立と蘭印の現状維持を表明したが、経済交渉の早期開催については、依然として積極的姿勢を示さなかった。

オランダ軍降伏

一九四〇年五月に入ると欧州戦争は新たな展開を迎えた。五月一〇日、ドイツ軍が西方攻勢（黄作戦）を開始し、中立国であるオランダとベルギーに侵攻したのである。これにより、オランダは英仏に与する交戦国となったが、この事態を受けて、有田外相は、翌一一日、交戦国である蘭独英仏と中立国である米伊の駐日大使・公使に対して、蘭印の現状維持を申し入れた。

オランダ軍は一四日に降伏したが、オランダ政府と王室はイギリスに逃れて亡命政府を設立し、対独戦争の継続を表明した。この間、アメリカ政府は、有田の申し入れとは無関係に蘭印の現状維持を尊重する声明を発表し、他の各国政府も、二〇日までに有田の申し入れに同意する旨の回答を示した。これによって蘭印の現状維持が国際的に確認されたが、戦争の混乱で経済交渉が自然消滅するのを恐れた有田は、一一日、石射公使を通じて、オランダ本国ではなく蘭印において経済交渉を実施するようオランダ政府に求めた。そして、その後、有田は、蘭印との経済関係強化に全力をあげた。有田は、オランダ軍の降伏に先立って、経済交渉の早期開催と蘭印産物資一三品目についての対日輸出保障を、オランダ政府に求めたのである。

だが、事態は複雑化した。二三日、イギリス政府は、亡命政府の受け入れを根拠にして蘭印産物資の管理権を主張し始め、ドイツ政府もまた、六月六日、被占領地に関する問題はドイツ政府と交渉するように主張し始めたのである。日和見主義の「自主外交」は、その中途半端な立場の是非が問われることになった。

フランス降伏

ドイツ軍の西方攻勢は電撃的であり、フランス領内になだれ込んだドイツ軍は、六月一四日にパリを占領した。その結果、フランス政府は休戦を申し入れ、同二二日、独仏休戦協定が成立した。大国フランスは、戦闘開始からわずか一ヵ月あまりでドイツに屈したのである。

また、戦局の帰趨《きすう》が決した六月一〇日、ドイツの勝利に便乗すべくイタリアが英仏に宣戦布告し、二四日に成立した伊仏休戦協定にもとづいてフランス領の一部を占領した。以後、フランスの北半分はドイツの軍政下におかれ、残りの南半分は傀儡政府であるヴィシー新政府によって統治されることになった。かくして欧州戦争は、六月末までに、ドイツ対英仏という図式から独伊対イギリスという図式へと大きく様変わりし、ドイツの最終勝利が確実視される状況となった。

経済関係の強化から南進論へ

欧州戦争勃発以来、日本政府は、対米通商関係の断絶に備えて蘭印との経済関係強化を図ってきた。ところが、戦争が劇的展開を示すと、蘭印を含む南方地域そのものを西欧諸国から奪取して「東亜新秩序」に組み込もうとする考え方が発生した。このような南進論は、政府、軍、財界、そして国民一般という具合に広範囲にわたって発生したが、もっとも早かったのは外務省であった。

四月下旬、外務省では、欧州戦争の再燃に触発された革新派が、独ソと連携した南進政策案として「第二次対外施策方針要綱」を起案した。革新派は同要綱の国策化を目指したが、外務省上層部によって却下された。また、ほぼ同時期、企画院において「経済時局対策に関する件」が起案され、南方地域を「東亜新秩序」に取り込んだ設定で、経済運営の研究がおこなわれた。

五月になってドイツ軍が西方攻勢を開始すると、海軍も研究をおこなった。日本が資源確保を目的に蘭印を占領し、これによって英米との戦争（蘭印には多くの米英資本が進出していたため）が発生したという想定で、図上演習を実施したのである。図上演習における海軍の関心は、英米軍との戦闘よりも長期戦における物資需給に向けられており、一〇日ほどで終了した。その結論は、英米から石油の全面禁輸を受けた場合、半年以内に南方地域に武力進出しなければ、英米との戦争は遂行不可能になるというものであり、以後、海軍は、英米との対立を惹起しそうな問題に対して慎重な姿勢で臨むようになる。

ついに実現した援蔣ルート閉鎖

フランスをとりまく戦況が悪化すると、これを好機として捉えた日本政府は、フランスに対する仏印ルート閉鎖の圧力を強めた。その結果、フランス政府は、一九四〇年六月二〇日、仏印―中国間の国境閉鎖と国境監視団の受け入れに同意し、二九日から、西原一策《にしはらいっさく》陸軍少将を団長とする国境監視団が、五ヵ所の国境監視所に分かれて活動を開始した。

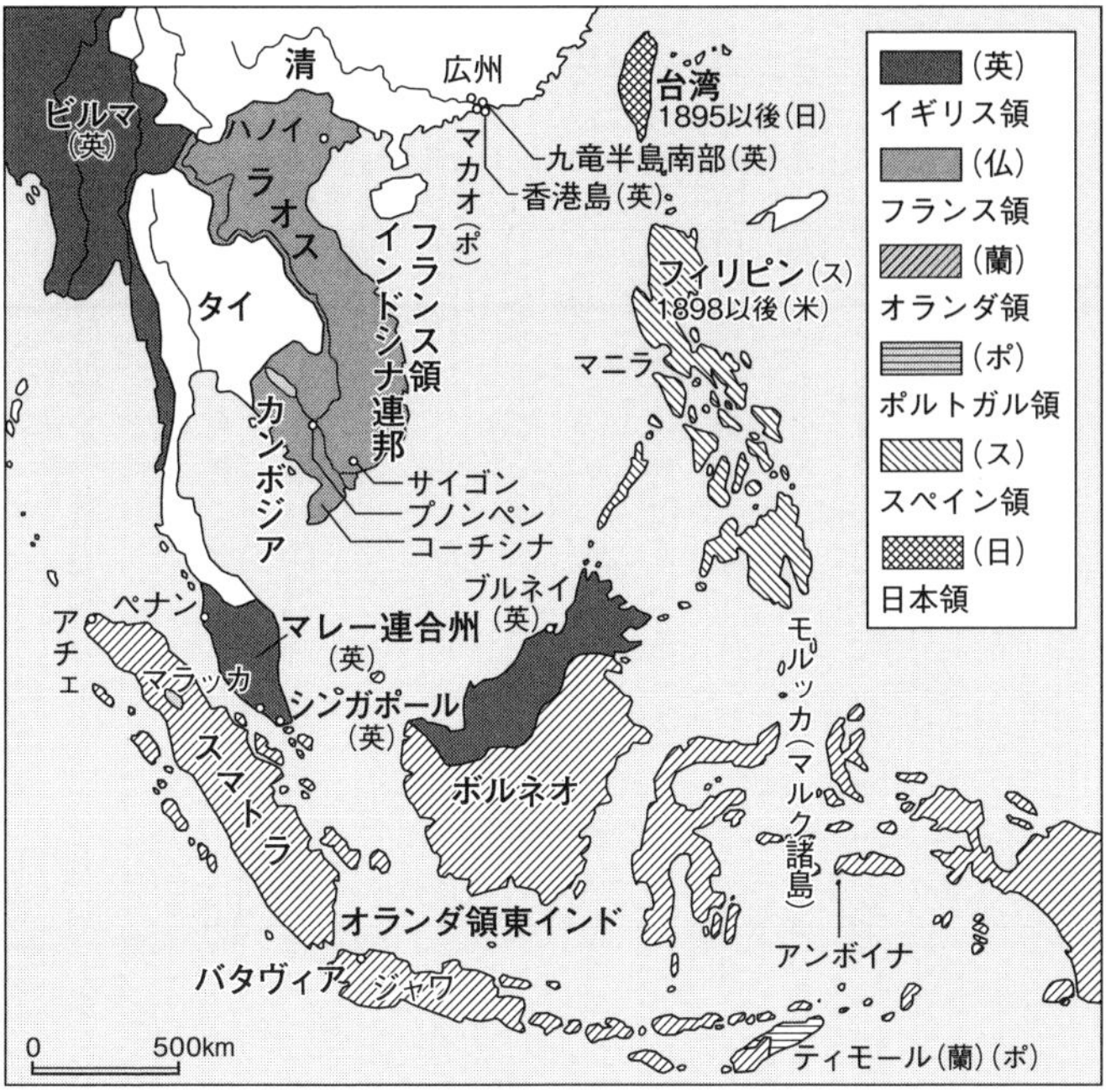

図2　東南アジアの勢力圏

かくして仏印ルートは完全に閉鎖されたが、これに勢いづいた日本政府はビルマルートの閉鎖も図り、フランス降伏後の六月二四日から、イギリス政府に対する外交折衝に着手した。その結果、独伊を相手に苦境に陥っていたイギリス政府は、対日宥和を図り、七月一二日、三ヵ月間のビルマルート閉鎖を日本政府に通告した。これにより、悲願となっていた二大援蔣ルートの閉鎖が実現し、中国政府を和平に引き出すための条件が整った。そして、ちょうどこの頃、日中間では和平工作が進展していた。

対中和平工作の進展

傀儡中央政府樹立工作は一九四〇年三月三〇日の汪兆銘政府成立となって結実したが、樹立工作の過程で政権基盤の弱さが問題視されていた。そのため陸軍は、三九年一〇月の段階で、傀儡中央政府樹立工作と並行して日中和平工作を展開し、最終的に両工作を合流させて、日中全面和平を実現させるという方針を決定していた。

この決定を受けて、支那派遣軍は三九年末頃から香港を舞台にして対中和平工作を開始し、この工作は桐工作と名付けられた。これにより、傀儡中央政府の設立は中国政府に和平を迫るための手段という位置付けとなり、それゆえ日本政府は、翌四〇年三月に成立した汪政府を直ちに国家承認しなかった。

日本政府は陸軍が進める桐工作の存在を与り知らなかったが、桐工作は、蔣介石《しょうかいせき》夫人の弟（宋子良《そうしりょう》）を名乗る人物と鈴木卓爾《すずきたくじ》中佐による交渉として進められ、四〇年三月になると、陸軍と中国政府の代表者との間で予備会談が開かれるまでに進展した。そして、六月に入ると、陸軍は桐工作の早期決着を望むようになり、中国側の主張に全面的に応じてでも早急な停戦を実現させる方針を決定する（波多野―一九八五）。

南進に傾倒する陸軍

陸軍が桐工作の早期決着を急いだ理由は、陸軍内で発生していた南進論にあった。ドイツ軍が五月に西方攻勢を開始すると、陸軍は「昭和一五、六年ヲ目標トスル対支処理方策」を作成し、日中戦争を早急に停戦させる方針を決定した。その狙いは、国力と兵力に余裕を生み出して、世界情勢の変化に備えることにあった。

そして六月になると南方地域は参謀本部における作戦研究の対象となり、その一方で陸軍は、企画院に対して日本の物的国力に関する研究を要望した。そのシナリオは、日中戦争において交戦権を発動し、これによって英米からの輸入物資が途絶した場合の経済運営であり、この研究は、八月に「応急物動計画」を生み出すことになる。

このように、伝統的に北進論の立場をとってきた陸軍は、欧州戦争の劇的展開を受けて急速に南進論へと傾斜していったが、その背景には、阿部内閣期以来の貿易計画の再検討があった。陸軍は、物資輸入における対米依存是正策を検討するなかで、南方地域のもつ資源的価値を高く評価するようになったのである。自給的経済圏としての破綻が明らかとなっている「東亜新秩序」に資源豊かな南方地域を組み込めば、「東亜新秩序」を発展的に解消させ、より自立性の高い経済圏の構築が可能となる。それゆえ陸軍は、ドイツ圧倒的優位の戦況に便乗して欧州戦争に参戦し、西欧諸国から南方地域を奪取しようと画策し始めたのである。陸軍が早期の日中和平を必要とした理由は、ここにあった。

南進政策を打ち出した陸軍

南進論は、最終的に「世界情勢ノ推移ニ伴フ時局処理要綱」(「時局処理要綱」)と題する政策文書となったが、その原案は、フランスの降伏が決しつつあった六月一九日に参謀本部内で作成された。この原案は早速陸軍内で協議が重ねられ、陸軍としての最終案が七月三日に完成した。

陸軍は、ドイツの最終勝利を与件とする南進政策を、次のようなシナリオで描き出していた。まず、日独軍事同盟を成立させる。そして、ドイツ軍が英本土上陸作戦を開始したら、この軍事同盟を根拠にして欧州戦争に参戦し、蘭印や英領植民地(香港、マレー、シンガポールなど)を攻略(武力南進)してドイツ軍の英本土攻略を支援する。そして、ドイツが欧州戦争における最終勝利を確定させたら、ドイツを支援した対価として、日本は戦後講和会議において南方地域に対する支配権を戦勝国(独伊)と敗戦国(英仏蘭)に認めさせる(波多野―一九八五)。

このような政策案は、日本が日英同盟を口実にして参戦し、戦勝国としての立場と大国としての地位を獲得した第一次大戦時の参戦外交の再現にほかならなかったが、このような南進政策を追求するうえでの焦点は、日独軍事同盟の早期成立であった。国内外では、ドイツ軍による英本土上陸作戦は、英仏海峡の天候が悪化し始める九月末までに開始されると予想されていた。それゆえ日独軍事同盟は、それよりも先に成立させる必要があり、「時局処理要綱」を完成させた陸軍は、南進政策の国策化と日独軍事同盟の早期成立を急いだ。

海軍との合意

七月四日、陸軍は、南進政策に対する海軍の同意と協力をとりつけるべく、「時局処理要綱」を海軍との協議にかけた。その際、陸軍は、武力南進開始の条件として、対ソ関係の安定、日中戦争の早期終結、独伊との政治的提携などをあげたが、これに対して海軍側は、北守南進の総論には同意したものの、各論において異論を唱えた。

最大の焦点は英米関係に対する判断であった。英米は可分（一体となって行動しない）であると判断する陸軍は、蘭印や英領植民地に限定して侵攻するならばアメリカは介入してこないので、武力南進は対英戦争に限定できるとの立場に立っていた。これに対して海軍は、英米は不可分（一体となって行動する）であると判断しており、武力南進は必ずやアメリカの介入を招き、その結果として英米を相手にした戦争に発展するとの立場に立っていた。英米を相手にした戦争となれば、武力南進が破綻するのは必至である。それゆえ海軍は、総論としての南進政策にこそ賛意を示したものの、武力南進によって追求される南進政策に対しては、安易に同意を示せなかったのである。

さらに、南進政策で躍起になっている陸軍は、日中和平が実現しなくても好機を捉えて武力南進に踏み切る姿勢を示していたが、海軍はこの点についても懸念を抱いた。中英米を相手にした多正面戦争という最悪の事態が想像されたのである。その結果、海軍は、九日に「時局処理要綱」への修正案（海軍案）を陸軍側に逆提示し、武力南進に打って出る際の条件として、①英米可分が確実になった時か、②日中戦争が終結した時の、いずれかの場合に限るとの条文を付け加えた。海軍は、武力南進の条件を厳しく設定したのである（波多野―一九八五）。

その後、「時局処理要綱」をめぐっては一五日に合意が成立し、陸海軍は、南方地域の奪取による自給的経済圏の拡大という基本方針で一致した。とはいえ、武力南進をめぐる各論での対立が完全に解消されたわけではなく、欧州戦争の早期終結に南進政策をあわせようとして、杜撰《ずさん》な合意形成が図られたというのが、その実態であった。

南進論で沸き立つ世論

他方、欧州戦争の劇的展開は広く国民一般にも影響を与えた。日中戦争が発生すると、その二ヵ月後（一九三七年九月）、いわゆる戦時統制三法（軍需工業動員法ノ適用ニ関スル法律・輸出入品等ニ関スル臨時措置ニ関スル法律・臨時資金調整法）が成立し、戦時統制経済が開始された。さらに、三八年四月には国家総動員法が成立し、これらの諸法によってもたらされる軍需優先の経済運営は、もともと豊かではなかった国民生活の水準をさらに低下させた。実際、四〇年の民間消費は三七年に比べて一三％低下しており（対米開戦後の四四年には四〇％低下する）、そのような状況下で発生した欧州戦争の劇的展開は、大衆のレベルにも南進論を発生させた。経済生活上の不満のはけ口として南進政策の断行が叫ばれるようになり、巷《ちまた》では「バスに乗り遅れるな」というスローガンが氾濫するようになったのである。ここでいうバスが、欧州戦争における独伊の最終勝利を意味するのは明白であった。

そのような大衆世論を背景にして、二大政党である政友会や民政党、さらには左翼政党であった社会大衆党までもが、決議や要望書を提出して独伊との提携や南進政策の断行を政府に迫った。「時局処理要綱」をめぐって合意を成立させた陸海軍にせよ、大衆世論にせよ、参戦外交によって国益の伸張を図るという発想において一致していたのである。その背景には、国民的に記憶されていた第一次大戦時（わずか二〇年あまり前）の成功体験があったことは、想像に難くない。

苦境に陥った「自主外交」

欧州戦争の劇的展開を受けて南進論で朝野が沸騰すると、「自主外交」の継続は困難になってきた。とはいえ、独伊と提携して南進政策を追求すれば英米との戦争となるのは必至であり、これを回避するために南進論を抑え込めば政変となる。かくして米内内閣は、国内政治の要求と国際政治の現実との間で板挟みに陥った。

米内内閣は、「東亜新秩序」こそ追求するものの、南進政策を追求する意志はなかった。とはいえ、政権基盤が弱い米内内閣には、沸騰する南進論を抑えるだけの力はなかった。それゆえ有田外相は、国内の南進論に歩み寄った。その手段となったのが、蘭印との経済交渉であった。南進論の矛先が資源豊かな蘭印に向けられていたため、有田は、蘭印との経済交渉を進めることで、南進論の沈静化を図ったのである。

前述のように、有田は、降伏直前のオランダ政府に対して、経済交渉の早期開催と蘭印産物資一三品目についての対日輸出保障を求めていた。その回答は、一九四〇年六月六日、蘭印を実効支配する亡命オランダ政府からもたらされたが、その内容は、一三品目の輸出保障についてはは概ね同意するものの、日本側が要求する包括的な経済関係強化の協議は、経済交渉において協議しないというものであった。この回答を受けた有田は、経済交渉の実施を急ぎ、七月一二日、酒匂《さこう》秀一《しゆういち》元ポーランド大使と向井《むかい》忠晴《ただはる》三井物産会長の蘭印派遣を閣議決定させると、一六日にこれをオランダ側に通告した。

有田・グルー会談

一九四〇年一月に日米通商航海条約が失効したが、その後の日米関係に目立った変化は生じなかった。ところが、欧州戦争の展開を受けて日本国内で南進論が発生すると、日米関係は緊張し始めた。そのような状況下、国内政治と国際政治の間で板挟みに陥っていた米内内閣に対して、アメリカ政府が対話をもちかけてきた。六月一〇日、アメリカ政府から指示を受けたグルー大使が、有田外相宅を秘かに訪問し、日米の妥協点を探ろうとしたのである。こうして始まった有田・グルー会談は、七月一一日まで計五回実施されたが、前年の野村・グルー会談と同様の展開を示した。新通商条約の締結を求める有田に対して、グルーは、アジア・太平洋地域における現状維持の原則で日米が一致しなければ、新通商条約の締結には応じられないと述べたのである。

英米との衝突回避を望み南進政策を否定する有田は、アメリカ側が押してくる妥協の余地なき原則論を、国内の反対論を抑えて受け容れることは不可能であると力説した。これに対して日本に同情的なグルーは、個人的には有田に理解を示したものの、アメリカ政府の指示で動いている以上、原則面での一致を譲ることはできなかった。この会談に対するアメリカ政府の真の狙いは、日本が南進政策にのりだすのを押しとどめるための時間稼ぎに過ぎなかったようであるが、結局、有田・グルー会談は、第五回目の会談をもって自然消滅した。その五日後、米内内閣は総辞職となったのである。

米内内閣の崩壊　アメリカとの妥協点を見出せなかった有田外相は、国内の南進論を沈静化させるべく、さらに南進論に歩み寄った。六月二九日、有田は「国際情勢と帝国の立場」と題するラジオ演説をおこない、日本政府独自の立場から南方地域に対して関心を有する旨を表明したのである。これは、国内の南進論に迎合する一方で独伊と提携した南進政策を否定する苦肉の策であったが、あくまでも「自主外交」を貫こうとする玉虫色の演説内容は、南進政策の国策化を急ぐ陸軍に倒閣を決意させただけに終わった。

有田は、南進論に迎合する一方で、自主外交の修正を検討していた。欧州戦争が大きく動いた六月以降、日本政府は、蘭印や仏印との問題の処理にあたっては、蘭印や仏印に対する管轄権を主張するドイツ政府に対して一応の留意を払っていた。ところが、南方地域に対するドイツ政府の立場は曖昧であったため、有田は、元外相で外務省顧問の佐藤尚武《さとうなおたけ》をドイツに派遣して、リッベントロップ外相と会談させた。この会談は七月八日におこなわれたが、ドイツ側は南方地域に対する立場を明確にしなかったものの、対日提携への関心を示した。そのため、有田は、南方地域に対する発言権確保を目的に、日独提携について研究するよう外務省事務当局に命じた。

この研究は「日独伊提携強化案」を完成させたが、積極的な参戦外交案として陸軍が作成した「時局処理要綱」とは異なり、ドイツが南方地域を完全支配するのを阻止するための予防外交案となった。この「日独伊提携強化案」は、七月一二日に陸海軍との事務レベル協議にかけられ、一六日に再度協議にかけられた。だが、米内内閣の命運は同日に尽きた。自主外交の堅持を図る米内内閣に不満を募らせた陸軍は、畑俊六《はたしゅんろく》陸相を辞職させ、米内内閣を総辞職に追い込んだのである。現役軍人である陸相を通じて政策に介入し続けてきた陸軍は、陸相を辞職させることで政府を倒し、政策の支配を試みるまでに至った。軍の専横は、ますます強まりつつあった。

外相になった松岡

ここで再び松岡が登場し、第二次近衛内閣の外相に就任する。ここでは、松岡が外相に就任する経緯と、松岡が外相として背負うことになった役割を整理しよう。

第二次近衛内閣成立

米内内閣が総辞職すると近衛文麿に組閣の大命が下り、一九四〇年七月二二日に第二次近衛内閣が成立した。近衛内閣待望論は六月頃から政財界や陸軍で高まっていたが、その背景には、南進政策への期待に加えて、第一次近衛内閣期に頓挫した新体制運動があった。ナチスに範をとった一元的で強力な国内政治体制の確立を図る新体制運動は、第一次内閣期では日中戦争を戦い抜くための体制づくりを目的としていた。これに対して今次の新体制運動は、南進政策に向けた体制づくりを目的にしており、南進論で沸騰する世論を背景にして熱を帯びた。それだけに、南進政策の断行を急ぐ陸軍は、南進政策と新体制運動に意欲を示し、なおかつ国民からの人気が高い近衛への大命降下を画策して、これを実現させたのであった。第二次近衛内閣は、陸軍が南進政策を追求するために誕生させたのも同然だったのである。

松岡洋右は、その第二次近衛内閣に外相として入閣するが、少しだけ満鉄総裁辞職後の松岡についてふれておこう。満鉄総裁在職中の三七年一〇月、松岡は、日中戦争勃発にともなって新設された内閣参議（大臣格の政府顧問で合計一〇名）を兼任した。松岡は、内閣参議就任以前から、日独提携を基軸に据えた現状打破政策の追求を訴えており、三九年三月に満鉄総裁を辞職した後も、その主張は変わらなかった（松岡―一九三七）。そのため、四〇年一月に米内内閣が成立すると、政党人の入閣と「自主外交」の継続に対する抗議として、自ら内閣参議を辞した。その結果、松岡は還暦を目前にして浪人の身となったが、その松岡を外相として抜擢したのが近衛文麿であった。

松岡に期待する近衛

再度首相となった近衛と同様に、外相となった松岡もまた国民からの人気が高かった。それゆえ、松岡の外相就任は第二次近衛内閣の目玉人事となっていたが、近衛は、松岡の人気を内閣への支持につなげるべく外相に抜擢したわけではなかった。まず松岡は、政党を否定する新体制運動への支持という点で、

図３　近衛文麿

近衛と政治信条を共有していた。近衛にせよ松岡にせよ、国益よりも党利党略で動く政党を信用していなかったのである。また、革新思想にもとづいて国際秩序の現状打破を志向する近衛と松岡は、独伊と提携した南進政策の追求という点においても一致していた。だが、より重要なのは、軍部を抑え込むという点での一致である。

前述のように、満洲事変以降、政治外交に対する軍の介入が進み、軍が進める武力行使中心の現状打破に、政府が政策によって追随するという展開が常態化していた。満洲事変と満洲国建国、華北分離工作の国策化、そして日中戦争と「東亜新秩序」という具合に、いずれの場合も、このパターンである。その結果として日本は「東亜新秩序」の矛盾に陥ったが、これは、あくまでも国家の「部分」に過ぎない軍が、「全体」である国家と政府を引きずった結果であった。

政治主導の現状打破

軍は武力を管理する行政機関であり、巨大官僚組織でもある。満洲事変以降、その軍は、軍事力の強化という組織利益を動機にして現状打破政策を追求してきた。これは、欧米に対抗可能な軍事力の整備を目指す軍の立場からすれば、合理的な行動であったろう。ところが、侵略行為という形で追求されてきた現状打破政策は、国際的な批判を招く一方で国家財政と貿易の健全性を破壊し、政治と経済の両面で日本を破綻状態に追い込んでいた。

政治とは、軍事に加えて外交、内政、経済、さらには道義やイデオロギーをも包摂する概念であり、国益を定義する最適解は、国民全体の利益と照らし合わせて、これらすべての論理を整合させたなかで求められる。そして、特定の論理に偏重した政策を追求すれば、政治の全体合理性は失われ、その国家は必ず破綻する。ところが、当時の日本では、国家の「部分」に過ぎない軍が、軍事偏重の立場で暴力的に組織利益を追求しており、そのため国家「全体」の利益となる最適解を出せなくなっていた。

そのような悪弊を断ち切るには、政府が軍に追随する状態を是正し、全体合理性のあるグランドデザインにもとづいて、政府（すなわち文民）主導の下で政策を立案し実施する必要があった。そして、そのための適材として近衛が位置付けたのが、外相としての松岡であった。松岡には胆力と実行力があり、国民からの人気も高かった。それゆえ近衛は、軍を抑え込んだ政治主導による南進政策の追求を、松岡に期待したのである。そして、外相に就任した松岡もまた「外交一元化」（外交大権にもとづく外相による外交の独占管理）を掲げて近衛の期待に応え、政治主導での外交運営を実現する（三輪―一九七一）。

政治的野心を燃やす松岡

アメリカからの帰国後、松岡は、外交官、満鉄、代議士の職を渡り歩いてきたが、旺盛な出世欲や高い能力とは裏腹に、松岡の立身出世は思うに任せなかった。その一方で、外務省では、松岡の後輩にあたる広田弘《ひろた》毅《こうき》や有田八郎がたびたび外相を務めており、広田に至っては首相にまでのぼり詰めていた。松岡はそのことを口惜しんだと伝えられているが、そこで降って湧いた近衛からの外相就任要請は、燻り続けていた松岡の野心を燃え上がらせた。松岡は、近衛の期待に応えて外交で成果を上げ、近衛の指名によって次期首相の座に就くことまで意識し始めたのである。

かくして外相となった松岡は、それまでのキャリアによって形成された三つの特徴をもって南進政策を追求してゆく。すなわち、帝国主義時代の外交官として身につけた権力政治に対する鋭敏な感覚と交渉力、代議士時代に身につけた巧みな弁舌による世論誘導と広報活動、そして、満鉄時代に身につけた積極的にリスクを冒してゆく企業家精神である。

大衆政治家の外相

政府内での松岡の後ろ盾は近衛首相であるが、組織的支持基盤のない松岡にとっては、大衆世論こそが政治基盤であった。それゆえ政界での栄達を狙う松岡は、大衆政治家の外相として、世論の期待に応えて南進政策を追求してゆく。その際、代議士時代に満洲権益を「満蒙は我が国の生命線」と表象した松岡は、南進政策を「大東亜共栄圏」という文言で表象した。このような気宇壮大な文言を用いることで、南進論で熱狂する大衆に対して南進政策の理念と目標を象徴的に提示し、その期待に応えたのである。

とはいえ、情念で動く大衆の論理と、合理性が尊重される外交の論理は必ずしも一致せず、むしろ相対する場合が多い。それゆえ松岡は、素朴で無定見な大衆世論の論理を、そのまま外交にもち込まなかった。松岡は、南進論で熱狂する大衆世論の論理と外交の論理を分けており、激烈な国際環境のなかで冷徹に外交を展開してゆくのである。特に、欧州戦争への便乗を狙った南進政策はハイリスク・ハイリターンの投機活動にも似ていたが、そうしたなかで松岡は、リスクヘッジを講じる慎重さもあわせもって南進政策を展開してゆく。

独ソの現状打破

松岡は、どのような国際情勢の下で南進政策を追求してゆくのか。ここで、欧州戦争の状況を整理しておこう。独ソ不可侵条約成立時、独ソ両政府は秘密議定書を交わし、ポーランドの分割支配に加えて、バルト三国とフィンランド、そして東南ヨーロッパを、ソ連の勢力範囲とすることで合意していた。それゆえ、

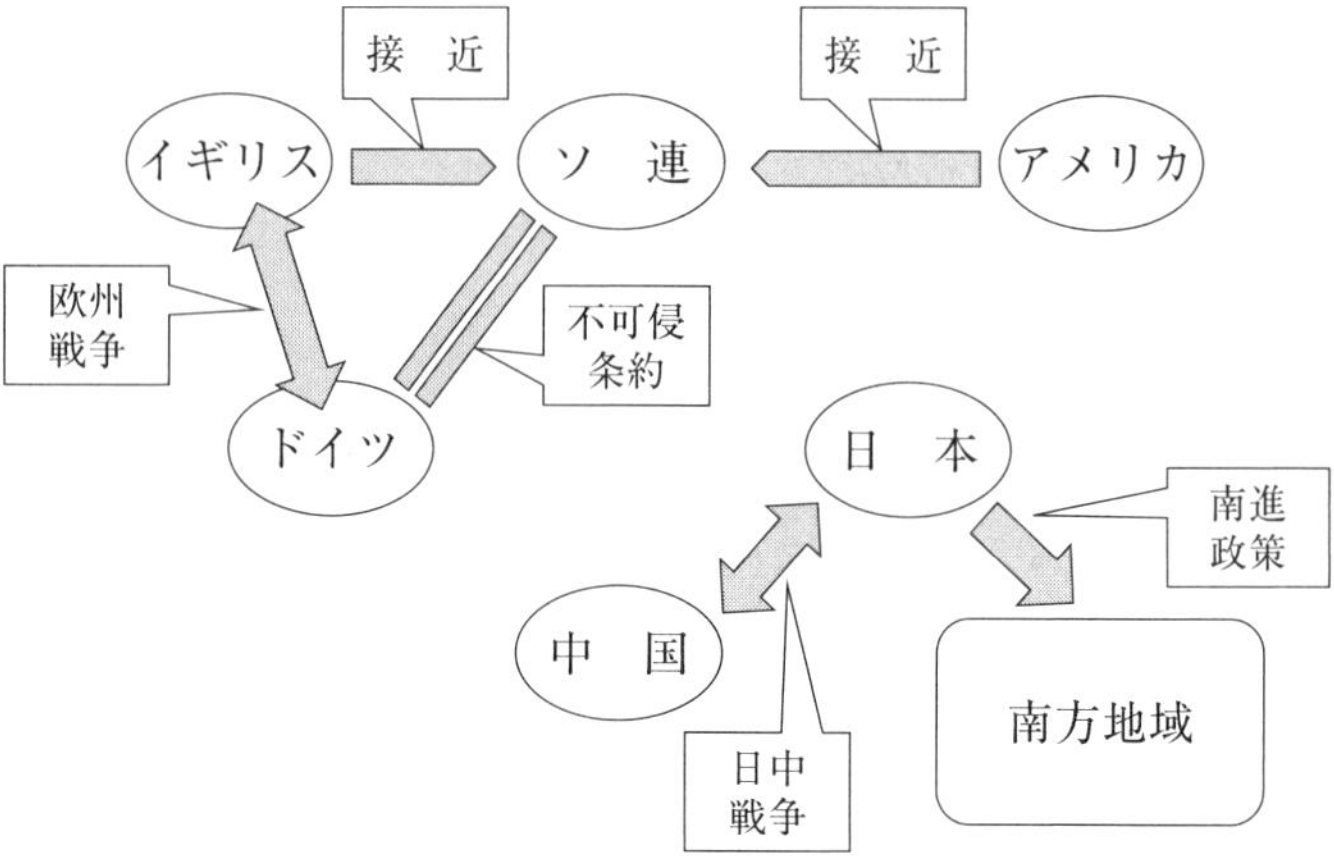

図４　松岡外相就任時の状況（1940年７月）

ドイツが一九三九年九月一日にポーランド侵攻を開始すると、同一七日、ソ連もまたポーランドに侵攻した。その結果、ポーランドは独ソによって分割占領されたが、これに勢いを得たソ連政府は、さらなる勢力圏拡大を図った。まず、九月二八日〜一〇月五日にかけてバルト三国との間で相互援助条約を成立させ、これら三国に対する駐兵権を獲得した。さらにソ連政府は、一一月三〇日、カレリア地方の割譲を要求してフィンランドに侵攻し、翌四〇年三月一二日の講和条約によって、フィンランド政府にこれを認めさせた（ソ・フィン戦争もしくは冬戦争）。

ところが、ドイツ軍が四月から展開した軍事作戦が大成功を収めると、独ソの提携関係は軋《きし》み始めた。ドイツの支配領域拡大に脅威を感じたソ連政府は、六月中にバルト三国を併合し、さらにルーマニア政府に最後通牒を突きつけて、ベッサラビアと北ブコヴィナを割譲させた。

他方、フランスを降伏させたドイツは、八月一三日から、英仏海峡と英本土南部の制空権掌握を目的に、英本土航空戦を開始した。これは英本土上陸作戦の前哨戦であったが、強力な英空軍を相手に独空軍は緒戦から苦戦を強いられ続け、英本土上陸作戦実施の目処を立てることができなかった。

軋む独ソの提携

そのような状況の下で進んだソ連による勢力圏拡大は、英ソによる挟撃の懸念をドイツ政府に生じさせることになった。独ソは不可侵条約によって提携関係を構築していたが、それは表面的なものに過ぎず、年来の相互不信が解消されたわけではなかったのである。それゆえドイツ政府（具体的にはヒトラー）は、ドイツが苦境に陥ればソ連はドイツを裏切り、イギリスを正面にして戦うドイツを背後から攻撃してくるのではないかとの懸念を抱くようになった。

独ソの軋轢《あつれき》は、まずルーマニアをめぐって生じた。この時期、ハンガリーでは、先の大戦によって割譲させられた領土をめぐって、ルーマニアに対する失地回復運動が発生した。この運動は、ルーマニアがソ連にベッサラビアと北ブコヴィナを割譲したことによって誘発されたものであるが、英仏をあてにできないルーマニア政府は、その調停をソ連に求めようとした。ところが、ルーマニアは産油国であり、ドイツは全需要の三分の一を、またイタリアは全需要を、ルーマニアからの石油に依存していた。そのため独伊両政府は、ソ連の影響力がルーマニアにおよぶのを阻止すべく先手を打った。八月三〇日、ハンガリーとルーマニアの代表をウィーンに招いて調停にのりだしたのである。その結果、ルーマニアはトランシルヴァニアをハンガリーに割譲し、その代償としてドイツがルーマニアの安全保障を引き受けるという内容で、調停が成立した。これによってドイツ軍がルーマニアに駐留することになり、ルーマニアに対するドイツの影響力は確固なものとなった。だが、その一方で、ソ連政府は、秘密議定書での合意に反するとして、この調停に強く反発した。

ソ連に接近するイギリス

不可侵条約による独ソの提携関係は表面的なものに過ぎず、独ソ間には相互不信が存在していた。それゆえイギリス政府は、独ソ関係は必ずや破綻すると読み、その機をうかがい続けた。英仏両政府は、ポーランドに侵攻したドイツに対して宣戦布告したが、ドイツに呼応してポーランドに侵攻したソ連に対しては、宣戦布告しなかったのである。そればかりか、イギリス政府に至っては、一九三九年一〇月に、ソ連との間で通商協定を締結するという挙に出た。

さらに、前述のように、ソ連はフィンランドに対して侵略戦争を仕掛けたが、これによってソ連は、常任理事国であるにもかかわらず、国際連盟から除名処分を受けた。ところが、ここでも英仏両政府はソ連を強硬に非難しなかった。そして、イギリス政府は、四〇年六月に社会主義者の大物クリップスを駐ソ大使に任命し、同大使は、東南ヨーロッパにおけるソ連の指導権を認める声明を発表した。独ソ二国との敵対回避を至上命題とするイギリス政府は、侵略行為を展開する独ソへの対応を使い分け、ソ連に対してはむしろ接近を試みることで、独ソ関係が決裂するのを待ち続けたのである。生き残りをかけたイギリスの外交は冷徹であった。

対日牽制を図るアメリカ

イギリス政府が対ソ接近を図っていた一方で、アメリカ政府は、前年（一九三九年）から対英協力の動きをみせていた。前述のように、この年の七月、アメリカ政府は、有田・クレーギー協定成立への対抗措置として、日米通商航海条約の破棄を日本政府に通告した。そして、九月に欧州戦争が勃発すると、アメリカ政府は一一月に中立法を改正し、現金払いと購入国船舶での輸送を条件に、交戦国に対する武器輸出を解禁した。この措置は、事実上、英仏に対する支援措置であった。

そして、四〇年に入って欧州戦争が再燃すると、アメリカ政府は、日本が南進政策にのりだすのを阻止すべく対日牽制策を講じ始めた。まず五月七日、ローズヴェルト大統領は、アメリカ艦隊（日本の連合艦隊に相当する主力艦隊）に対してハワイへの移動を命じ、その後、フランスが降伏すると、七月二日に国防法を成立させて戦略物資の輸出を大統領の許可権限下においた。そして、南進政策の追求を掲げる第二次近衛内閣が二二日に成立すると、アメリカ政府は対日牽制を強化し、二六日に、航空機用ガソリンと一級屑鉄（鉄以外の不純物の混入が少ない屑鉄）の対日禁輸を発動した。

この間、アメリカ政府は、欧州戦争の展開に対応して軍事力の強化にものりだしている。この年の五月、アメリカ政府は航空機の増産に着手し、六月には一八億ドルの陸軍予算を成立させた。さらに、第三次海軍拡張法が六月に、そして両洋艦隊法が七月に成立して、大量建艦が開始された。完成には数年を要するものの、これによってアメリカ海軍は、日本海軍の二倍に相当する戦力を整備することになった。日米開戦後、日本海軍が相対することになる無数の艦艇は、この時に建造が開始された艦艇である。

さらにアメリカ政府は、武力南進の機をうかがう日本を牽制すべく、米ソ接近の可能性を探った。ソビエト連邦成立以来、共産主義国家ソ連に対するアメリカの感情は朝野ともに悪く、独ソ不可侵条約成立後にソ連が展開した露骨な領土拡張政策は、ソ連に対するアメリカ政府や国民の感情を最低レベルにまで押し下げていた。だが、イギリス政府と同様に、アメリカ政府もまた、国際関係を冷徹に捉えて対応した。アメリカ政府は、七月末に米ソ通商協定の一年間延長を成立させ、ソ連に対して最恵国待遇を与えたのである。松岡は、このような複雑かつ流動的な戦時国際関係のなかで、南進政策を追求することになる。

急がれた南進政策の国策化

第二次近衛内閣成立の五日後（一九四〇年七月二七日）、政府・大本営連絡会議において「時局処理要綱」が採択された。これによって南進政策は国策となったが、陸軍が「時局処理要綱」を起案したのが六月一九日であったことと照らし合わせると、南進政策の国策化がいかに急がれたのかをうかがい知ることができよう。

当時の日本政府における意志決定は、四相会議（首相、外相、陸相、海相によって構成）決定、閣議決定、政府・大本営連絡会議決定、上奏、御前会議決定の順で政策としての拘束力が高くなってゆくが、「時局処理要綱」は、本来、御前会議決定とされるべき重要文書であった。にもかかわらず、「時局処理要綱」は政府・大本営連絡会議決定に止まった。その原因は、南進政策をめぐる政府と軍の不一致にあった。

第二次近衛内閣成立時、政府と軍は、独伊と提携して南進政策を追求するという基本方針で一致した。ところが、提携の具体的内容では一致をみておらず、特に陸海軍の間には武力南進の開始条件をめぐって意見に隔たりがあった。それゆえ「時局処理要綱」には日独提携の具体的内容や参戦の条件は明記されず、その採択も、御前会議ではなく、拘束力で劣る政府・大本営連絡会議での採択に止まった。欧州戦争の早期終結を意識するあまりに、細部での不一致を残したまま南進政策の国策化が急がれたのである。

対ソ国交調整

松岡が外相就任の時点で抱えた外交課題は多岐にわたった。最重要課題は南進政策の大前提となる独伊との提携であったが、そのほかにも米内内閣から引き継いだ諸課題があった。すなわち、①蘭印経済交渉、②日中和平、③対ソ国交調整、④仏印問題の処理といった諸課題であるが、特に重要となっていたのは、対ソ国交調整であった。参戦外交として南進政策を追求するには、背後となる北方の安全、すなわち対ソ不戦体制の確保が不可欠だったためである。

対ソ政策については、阿部内閣期から、外務省革新派や東郷茂徳《とうごうしげのり》駐ソ大使によって日ソ不可侵条約の締結が唱えられていた。だが、日ソ不可侵条約の成立によって英米との対決論や南進論が助長されるのを懸念する阿部・米内両内閣は、一貫してこれを否定し続けた。

ところが米内内閣は、一九四〇年七月二日、ソ連政府に対して中立条約の締結を提議した。これは、南進政策ではなく、日中戦争終結策の一環として浮上した施策であり、日ソ中立条約を日中戦争に適用することで、中国政府に対するソ連の援助（援蔣行為）を中止させようと発案されたものであった。その回答は、第二次近衛内閣成立後の八月一四日にもたらされたが、中立条約締結に応じる条件として、ソ連政府は、北樺太《からふと》の利権解消を要求してきた。北樺太の利権は、日本が日露戦争での講和によって得たものであった（この時、日本は南樺太を得ている)。

米内内閣は日中戦争との関連で対ソ関係を定義し、中立条約の締結をソ連政府に提議した。これに対して第二次近衛内閣は、南進政策との関連で対ソ関係を定義し、不可侵条約の締結を対ソ政策の目標に据えた。

必要とされた日ソ不可侵条約

中立条約は、日ソの一方が第三国と戦争状態に入った場合、その戦争に対して、もう一方が中立不介入の立場を守ることを約したものであるが、日ソの不戦は定めていない。しかも、ソ連側がもちだしてきた利権解消は、日本としては受け容れられない条件であった。そのため松岡は、対ソ交渉を棚上げにした。まず日独提携を成立させ、その後に、ソ連と提携するドイツの圧力と仲介を利用するという対ソ交渉戦術を組み立てたのである。

蘭印経済交渉の処理

他方、外相就任後の松岡は、最重要課題である日独提携交渉よりも先に南方問題の処理を急いだ。日独提携が成立する前に欧州戦争が終結した場合に備えて、蘭印や仏印に対する関与を既成事実化しておく必要を認めたのである。そうしておけば、突如戦争が終結した場合でも南方地域の処理に対して発言権を主張でき、そうでない場合でも、その後の日独提携交渉において、南方地域に関する日本の立場を有利にできる。

そのため、まず松岡は、すでに米内内閣が筋道をつけていた蘭印との経済交渉に着手し、交渉代表を再検討して、一九四〇年八月二七日に商工大臣の小林一三《こばやしいちぞう》を代表に任命した。そして、オランダ側が小林の代表就任を受諾したため、九月一三日から蘭印において経済交渉が開始される運びとなった。

松岡・アンリ協定

もう一つ南方問題である仏印をめぐっては、仏印に派遣された国境監視団が、日本政府に無断で、仏印総督府に対して北部仏印への兵力進駐（連隊規模の地上部隊進駐と数ヵ所の飛行場の使用）交渉を提議し、仏印側の反発を招いていた。この提議は参謀本部からの指示によってだされたものであり、その目的は、武力南進に打って出る際の軍事拠点の確保にあった。早速、日本陸軍の悪癖が表れた。

このような状況下で外相に就任した松岡は、この北部仏印進駐交渉を追認し、交渉の場を東京に移した。そして、自らこの交渉を担当し、八月一日から断続的におこなわれたアンリ駐日大使（仏印と駐日大使はヴィシー政府の管理下に置かれていた）との交渉によって、三〇日に「松岡・アンリ協定」を成立させた。ヴィシー政府はドイツの傀儡政府であるため、対日交渉において英米からの支援を受けることができなかった。それゆえ、仏印を管理するヴィシー政府は日本に屈せざるを得ず、「松岡・アンリ協定」を成立させるほかなかったのである。この「松岡・アンリ協定」は、フランス側が仏印において第三国に優越する地位を日本側に与える一方で、日本側は仏印の領土保全と主権尊重を保障することを約したものであり、これによって松岡は、その後の仏印問題の処理に道筋をつけた。そして、「松岡・アンリ協定」成立を受けて、ハノイでは国境監視団と仏印総督府による兵力進駐交渉が再開されることになった。「松岡・アンリ協定」は、外相に就任した松岡が最初に手にした外交上の成果となった。

日独伊三国同盟

松岡の外交戦略

独伊との提携方針

外相就任後の松岡は、南方問題の処理に筋道をつける一方で日独提携の交渉案を策定していた。前述のように、米内光政《よないみつまさ》内閣末期、有田八郎《ありたはちろう》外相から指示を受けた外務省事務当局は、南方地域がドイツによって完全に支配されるのを阻止する目的で日独提携の研究をおこない、一九四〇年七月一六日に「日独伊提携強化案」を完成させた。参戦に至らない程度の対英牽制によってドイツを支援するという方針を打ち出した同案は松岡に提出されたが、松岡は「こんなものではダメだ」と言い放ち、「虎穴に入らずんば虎児を得ず」と書き込んで、これを却下した。

米内内閣の下で設定された研究目的からすれば、参戦に至らない程度の対英牽制は十分に合目的であったろう。だが、第二次近衛文麿《このえふみまろ》内閣の方針は、参戦外交による南進政策の追求である。リスクの低い代償の提供では、欧州戦争での最終勝利を射程に収めていたドイツ政府が日独提携に応じない可能性があった。それゆえ松岡は、よりリスクの高い代償を提示する必要を認めたのである。

かくして日独提携の交渉案は練り直され、七月二四日、外務省事務当局は新たに「日独（伊）提携強化案」を起案した。陸軍は、その対案として「日独伊提携強化ニ関スル件」を二七日に作成し、その後、外務省と陸海軍の事務当局者間で協議がおこなわれた。その結果、最終案となる「日独伊提携強化ニ関スル件」が八月六日にまとまり、自主参戦（参戦の可否は日本政府が自主的に判断する）の立場を留保したうえで対英軍事同盟を締結するという案がまとまった。さらに、参戦のタイミングについては日中戦争が終結していなくても好機を捉えて参戦するという方針が明記され、これにより「時局処理要綱」策定の際に海軍側が提示した日中戦争終結後という参戦条件は取り下げとなった（波多野―一九八四）。海軍は、陸軍から桐工作の進展を知らされたのであろう。

他方、海軍が提示したもう一つの参戦条件、すなわち英米可分が確実になった時という条件については、陸海軍は一致をみていない。英米不可分の立場に立てば、対英戦争は対英米戦争へと発展することになり、対英軍事同盟など画餅《がべい》に過ぎない。にもかかわらず海軍は、自主参戦の留保条件が付いたことで、英米不可分の立場を堅持したまま対英軍事同盟の締結という方針に同意を示したのであった。ただし、このような方針に同意を示したのは、協議に参画した海軍の事務当局者たちであり、海軍の首脳部は協議の顛末を与り知らなかった。

対英米軍事同盟を掲げた松岡

「日独伊提携強化ニ関スル件」を受け取った松岡は、一九四〇年九月一日からこれに検討を加え、四日に「軍事同盟交渉ニ関スル方針案」（「軍事同盟案」）を完成させた。同案の内容は概ね「日独伊提携強化ニ関スル件」に則ったものであるが、最大の修正点は、自主参戦の留保条件を引き継ぎつつも、対英軍事同盟の対象国にアメリカも加え、対英米軍事同盟に変更した点にあった。

前年七月以降、アメリカ政府は対英支援の動きを示していたが、そのアメリカ政府は、九月三日、イギリス政府との間で基地・駆逐艦協定を成立させ、旧式駆逐艦五〇隻をイギリス側に供与した。それゆえ、九月初旬までに、対象国をイギリスに限定した軍事同盟は成立し得なくなりつつあったが、松岡はそのような事情から対英軍事同盟の対象国にアメリカを加えたわけではない。

前述のように、ドイツ軍は英本土上陸作戦の前哨戦として八月一三日から英本土航空戦を開始したが、その戦況は緒戦からドイツ側不利に展開していた。そして、その一方では、アメリカが対英協力の姿勢を強めており、ドイツは対英米戦のリスクに直面しつつあった。

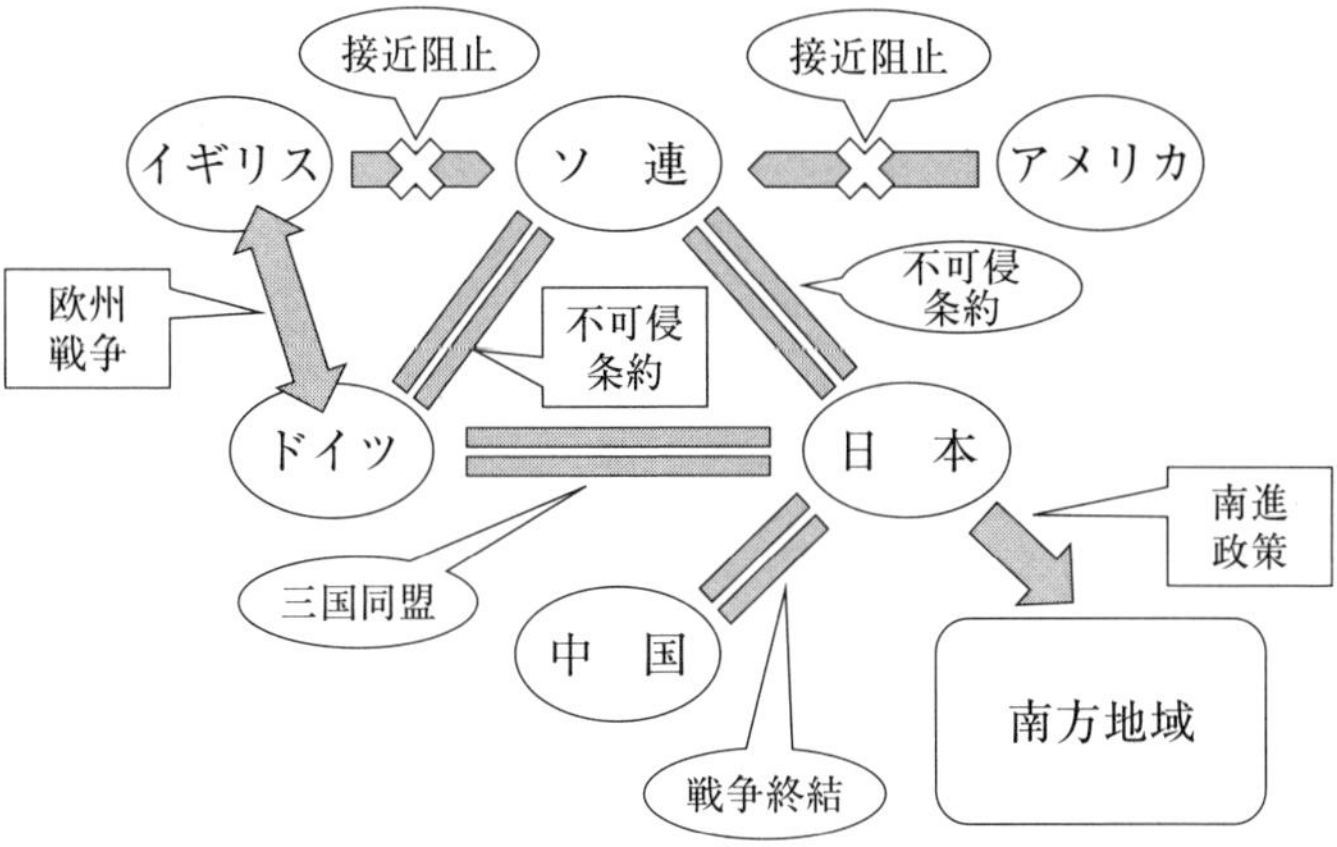

図5　松岡が目指した状況（1940年8月）

そのため松岡は、アメリカの参戦を懸念するドイツ政府の歓心を買うべく、英米軍事同盟の締結というリスクの高い代償を用意したのである。松岡が「日独伊提携強化案」に「虎穴に入らずんば虎児を得ず」と書き込んだ意味は、ここにあった。

日独伊ソの合従策

日独交渉でのもう一つの焦点は対ソ政策である。防共協定で提携する日独伊と反ファシズムを掲げるソ連は、イデオロギーと地政の両面において鋭く対立する関係にあった。だが、反自由主義にもとづく国際秩序の現状打破という点で、日独伊ソの国際政治上の立場は一致していた。そのため、その一致点を捉えて日独伊ソの大同団結を図る構想が、日独で存在していた。反英政策で日独伊ソが一致協力し、広大な植民地をもつ大英帝国を解体して国際秩序の再編成を図ろうというのである。

ドイツでは、リッベントロップ外相がそのような構想を抱いていた。ドイツ地政学に立脚したリッベントロップの構想は、新興勢力である日独伊ソがユーラシア大陸ブロックを形成して、旧勢力である英米ブロックと対決するというものであった。それゆえリッベントロップは、独ソ不可侵条約を成立させて防共協定を反故にした直後、日本政府に対して、日ソを仲介して日独伊ソの合従を成立させる用意を示し、背信行為を弁解していた（義井―一九八七）。

日本において同様の構想を主張していたのは、白鳥敏夫《しらとりとしお》をはじめとする外務省革新派である。皇道外交を唱える白鳥の基本的立場は、反共産主義であった。ところが、日中戦争勃発後、白鳥の力点は反共思想よりも現状打破に置かれるようになり、独ソ不可侵条約の成立に先立ってその主張は変化した。すなわち、現状打破勢力として日独伊ソは合従し、現状維持勢力である英米と対決すべきであると主張するようになったのである。ただし、白鳥の主張は単純な権力政治論であり、白鳥は、日独伊ソの提携によってイギリスの勢力をアジアから排除した後には、返す刀でソ連を攻撃すべきであると主張していた。

それゆえ、独ソ不可侵条約成立後、外務省革新派は、日ソ不可侵条約を成立させて南進政策を追求すべきであると主張し始め、自主外交を追求する阿部・米内両内閣の下でその政策化を図ろうとしていた。そのような革新派の動きは、英米との衝突を危惧する外務省首脳（アジア派）によって封殺されていたが、南進政策を追求する第二次近衛内閣が成立すると、日独伊ソの合従構想は再浮上した。

浮上したソ連との提携

前述のように、外務省事務当局は、有田前外相の指示を受けて一九四〇年七月一二日に「日独伊提携強化案」を起案し、その後は、松岡の指示を受けて二四日に「日独（伊）提携強化案」を起案した。南進政策を睨《にら》む両案での対ソ方針は不戦体制の確立であったが、その方針は、ソ連を日独共通の脅威と位置付けて日独共同でソ連に対処するというものであり、日独伊ソの合従体制構築ではなかった。特に「日独（伊）提携強化案」に至っては、日独伊ソの四国協定を明確に否定していた。

ところが、「日独（伊）提携強化案」への対案として陸軍が提示した二七日の「日独伊提携強化ニ関スル件」では、対ソ方針が抜本的に見直された。対ソ不戦体制を構築するだけでなく、日独が東西から牽制して、ソ連に英米との対決路線を指向させるという方針が打ち出されたのである。このような対ソ方針は、松岡が九月四日に完成させた「軍事同盟案」にも引き継がれたが、陸軍にせよ松岡にせよ、日独伊ソからなる四国軍事同盟を構想していたわけではなかった。その方針は、軍事同盟を締結した日独伊が一致してソ連を南進政策に誘導する（実態は強要に近い）というものであり、同時に、日独伊がソ連と戦争となった場合の措置についても、協議する方針が盛り込まれていた。

松岡の省内政治

対米戦争と日独伊ソの四国同盟を否定する松岡の立場は、外務省における松岡の省内政治にも表れていた。かつて外交官を務めていた松岡は、二〇年ぶりに外相として外務省に復帰した。前述のように、満洲事変以後の外務省は、親英米派、アジア派、革新派に分かれていたが、松岡の立場は、強硬な現状打破政策を唱える革新派に近かった。

とはいえ、革新派と松岡の間には明確な隔たりがあった。イデオロギーや観念に偏重した革新派に対して、松岡はより現実的に国際政治を捉えており、その点ではアジア派に近かったのである。まず革新派は、南進政策のためには米英との戦争も辞さずとの強硬姿勢を示していたが、これに対して松岡は、対英戦争にこそ肯定的であったものの、対米戦争は絶対に回避すべきとの立場であった。すなわち、英米不可分が明白になりつつあるなかで松岡が追求する南進政策は、大英帝国解体と対米戦争回避の両立を図るというものだったのである。

さらに革新派は、英米との軍事対決を可能にする施策として日独伊ソ合従体制の確立を主張していたが、松岡はこれに対しても否定的であった。ソ連を信用しない松岡は、日独伊ソ合従体制の成立に対して懐疑的であり、仮に成立したとしても信頼性が乏しく、対米戦争を可能にするような代物にはならないと考えていたのである。

外相就任後、松岡は、外務省内での権力基盤を固めるために、革新思想を共有する白鳥敏夫を外務省顧問に迎えた。ところが、イデオロギー過剰で過激な思想に触れるにつれ、松岡は白鳥と革新派を危険視するようになった。そのため松岡は、白鳥に政策上の意見を求めず、政策立案に対する革新派の関与も阻止した。そして、外務省内で大きな勢力をもつ革新派を警戒した松岡は、省内での政策協議に関して極端な秘密主義をとった。

日独伊三国同盟の成立

交渉方針の決定

松岡は、日独交渉での交渉案として一九四〇年九月四日に「軍事同盟案」をまとめた。自主参戦を留保条件にして、対英米軍事同盟を締結するとの交渉方針を掲げた同案は、六日の四相会議において承認され、政府としての交渉方針となった。「時局処理要綱」を起案した陸軍は、対英軍事同盟の締結を独伊との提携方針に据えていた。そのため、不必要にアメリカを刺激するとして「軍事同盟案」への不満が生じたが、反対論を生むまでには至っていない。

他方、海軍では大きな問題が生じた。海軍は、七月二七日の政府・大本営連絡会議において、「時局処理要綱」の採択に同意したが、この時、海軍首脳は、独伊との提携方針は参戦に至らない範囲での政治的提携であると理解していた。というのも、海軍首脳は、七月一六日の「日独伊提携強化案」を、日独提携の方針案として理解していたためである。ところが、その後の交渉案策定作業によって対英軍事同盟締結の方針が打ち出されると、吉田善吾《よしだぜんご》海相を中心とする海軍首脳はこれに反対を唱えた。

杜撰な方針決定

こうした状況下で松岡は九月四日に「軍事同盟案」をまとめ上げたが、その翌日、対英軍事同盟に反対していた吉田海相が過労で辞任し、代わって及川古志郎《おいかわこしろう》が新海相に就任した。「軍事同盟案」は及川新海相を交えた六日の四相会議において承認されたが、その際、及川は、独伊との提携には賛成したものの、英米を対象とする軍事同盟の締結については、自主参戦の留保条件が付いていても同意しなかった。つまり、対英米軍事同盟の締結をめぐる政府内でのコンセンサスが形成されなかったにもかかわらず、「軍事同盟案」は政府としての交渉方針となったのである。

それゆえ、対英米軍事同盟締結についての是非は継続協議となったが、これは「時局処理要綱」をめぐる協議と同じ展開であった。政府・大本営連絡会議での「時局処理要綱」採択と同様に、四相会議での「軍事同盟案」採択においても、日独同盟の早期成立を焦るあまりに、細部での重要な不一致を先送りにして、総論での一致のみをもって合意とみなす杜撰《ずさん》な政策決定が図られたのである。

以後、「軍事同盟案」にもとづいて日独交渉が実施されることになったが、日独同盟をめぐっては、「軍事同盟案」をめぐる国内交渉（対英米軍事同盟についてのコンセンサスの形成）と、同案をもとにしたドイツとの外交交渉が、同時並行で進められるという異常な展開を示すことになった。

日本との提携に舵を切ったドイツ

松岡は、対独交渉案の策定作業を進める一方で、一九四〇年八月一日から、ドイツ政府に対して日独提携を働きかけていた。そうしたなかでドイツ側は、二四日、三週間の予定でシュターマー公使を日本に派遣する旨を伝えてきた。その背景には、英本土航空戦における独空軍の劣勢があり、英本土上陸作戦発動の見通しを立てられなかったドイツ政府は、上陸作戦に代わる対英戦争の代替手段を模索するようになっていたのである。実際、英本土航空戦の開始に先立つ七月末の時点で、ヒトラーは英本土上陸作戦の中止（すなわち対英戦争の棚上げ）と翌年五月の対ソ開戦を考えるようになっていた。

前述のように、政権獲得以来のヒトラーの対外目標は、ロシア・東欧における「生存圏」の確立であり、ポーランド侵攻によって発生した英仏との戦争は、ヒトラーにとっては望まざる戦争であった。そのため、英本土航空戦における独空軍の劣勢は、ヒトラーを本来の対外目標である対ソ開戦（すなわち、ロシア・東欧における「生存圏」確立）へと傾かせていたのである。そして、イギリスが期待をつなぐソ連を打倒すれば、対英戦争も終結させることができると、ヒトラーは考えたのである。

これに対してリッベントロップ外相は、独ソ不可侵条約による独ソ提携と日独伊軍事同盟を結びつけることで、事実上の反英統一戦線をつくりあげようと画策していた。その結果、対ソ開戦を最終決断するのに先立ってリッベントロップ構想の追求を試みることが決定され、その手はじめとして、ドイツ政府は対日交渉に踏み切ったのであった。

日独交渉の開始

来日したシュターマーと松岡による交渉は、駐日ドイツ大使のオットを交えて一九四〇年九月九日から開始された。松岡が作成した「軍事同盟案」は六日の四相会議によって正式な交渉方針となっていたが、初日となる九日の交渉では、日独同盟を成立させるという基本方針で、早くも日独は一致した。

図6　ヨアヒム・リッベントロップ

そのため、翌一〇日からの交渉ではその細目が詰められることになり、ここで松岡は四項目からなる日本案を提示した。その内容は、独伊は大東亜（東アジアと東南アジア）における日本の指導的地位を、そして日本はヨーロッパにおける独伊の指導的地位を相互に承認し、新国際秩序の建設に向けて日独伊が協力することを確認するというものであった。これは軍事同盟ではなく政治協商締結の提案であり、松岡は意図的に軍事同盟の締結を提案しなかった。するとドイツ側は一一日の交渉において対案を提示し、予想通りに、対英米軍事同盟の締結を提案してきた。ドイツ案には自動参戦義務は明記されていなかったが、自主参戦を認める条項もなかった。

ついに折れた海軍

ドイツ案の提示を受けて翌九月一二日に四相会議が開催された。席上、東条英機《とうじょうひでき》陸相がドイツ案への同意を示したが、六日の四相会議において対英米軍事同盟の締結に同意しなかった及川海相は、ここでも態度を留保した。明記こそされていなかったものの、文面通りに解釈すればドイツ案は自動参戦義務を課す内容であり、及川としてはドイツ案に同意を示すわけにはいかなかったのである。

かくして、日独同盟成立にとっての障害は日本海軍首脳（具体的には及川海相）の反対ということになったが、ここで仲介役を果たしたのが海軍次官の豊田貞次郎《とよだていじろう》であった。一三日夕、豊田は軍令部第三（情報）部長の岡敬純《おかたかずみ》をともなって松岡の私邸に赴き、松岡と折衝した。その結果、自主参戦をドイツ側に認めさせるのを条件に、海軍として対英米軍事同盟に賛成するということで折り合いがつけられた。自主参戦をドイツ側が認めるなら、対英戦にせよ対米戦にせよ、自主的に回避でき、海軍としては対英米軍事同盟に反対する根拠がなくなる。その結果、政策決定遅延の責任を、南進政策で熱を帯びる世論から追及されるのを恐れた及川は、反対する根拠がなくなったことを口実に、対英米軍事同盟締結に対して賛意を示すことになった（義井─一九八七）。

かくして、翌九月一四日に開催された政府・大本営連絡会議準備会において、及川は、自動参戦義務の回避を条件に、対英米軍事同盟の締結に賛意を表明した。これにより日独同盟をめぐる国内交渉は完了し、以後、松岡は外交交渉に集中した。

自動参戦回避をめぐる攻防

国内交渉が妥結すると、外交交渉における松岡の目標は、ドイツ側に自主参戦を認めさせるという一点に絞られた。こうしたなかで、一四日夜、シュターマーがオットをともなって松岡の私邸を訪問し、対英米軍事同盟に自動参戦義務を明記した第二次ドイツ案を松岡に提示してきた。前述のように、この日の政府・大本営連絡会議準備会では、及川海相が自動参戦義務の回避を条件にして対英米軍事同盟の締結に賛意を表明していた。そのため、第二次ドイツ案を呑むわけにはいかない松岡は、翌一五日、自動参戦義務を明記する文言を削除した第二次日本案をシュターマーに逆提示し、自主参戦の立場を留保した。

当然のことながら、日本を利用して対米戦争発生のリスクや負担を軽減しようとするドイツ政府は、日本側が主張する自主参戦の留保を認めるわけにはいかなかった。そのためシュターマーとオットは、二一日朝、ドイツ政府に諮ったうえで第三次ドイツ案を松岡に提示し、自動参戦義務の明確化を日本側に迫ってきた。

譲歩したドイツ側

同日夕、松岡とシュターマー、オットは、第三次ドイツ案をもとに協議したが、双方の立場の溝は埋まらず交渉決裂もやむなしの状況となった。すると、ここでドイツ側が譲歩の姿勢を示した。ドイツ側は、同盟条約の本文から自動参戦義務の文言を削除し、代わりに交換公文によってこれを確認するとしたのである。すると今度は交換公文の条文をめぐって紛糾が生じたが、九月二四日、参戦の可否については、日独伊三国間の協議によって決定するということで最終決着した。日本側と同様に、ドイツ側もまた、日独同盟を早急に成立させる必要に迫られていたのである。

また、この間、イタリア政府との交渉については、日本政府の了解の下でドイツ政府が交渉にあたっており、イタリア政府もまた、日独交渉によって決定された条約本文と交換公文、そして参戦の規定について同意を示した。

熱弁をふるう松岡

三国同盟をめぐる外交交渉は一九四〇年九月二五日までに完了したが、同盟条約の調印には、閣議、御前会議、そして枢密院による審査という順で国内手続きを踏まなければならなかった（天皇大権のため議会による批准はない）。まず開催されたのは、御前会議への予備会議として開催された一四日の政府・大本営連絡準備会であり、首相ほか陸海外三省の三大臣と三次官、そして陸海軍の次長（参謀次長と軍令部次長）と軍務局長が出席した。前述のように、この会合において及川海相は自動参戦義務の回避を条件に対英米軍事同盟締結への賛意を表明したが、この席において松岡は、三国同盟締結の意義について得意の弁舌を発揮した。以下は、松岡が奮った熱弁である。

今最早日独伊と結ぶか、日独伊を蹴つて米英の側に立つか日本としてハッキリした態度をきめなければならぬ時期に来てる
日独伊を前々内閣のやうに日独伊をアイマイにして独乙の提案を蹴つた場合独乙は英国を降し最悪の場合欧連邦を作り米と妥協し英蘭等欧連邦の植民地として日本に一指も染めさせぬ最悪の場合
併し物資との関係から云えば日独伊同盟締結の結果アメリカとの間に最悪の場合戦争遂行国民生活上非常に困難それを回避するには独伊とも米英に結ぶも全然不可能とは考へぬ
併し其為には支那事変は米国の云ふ通り処理し東亜新秩序等の望はやめ少くとも半世紀の間は米英に頭を下げるならいい
それで国民は承知するか十万の英霊は満足出来るか

且又仮りに米の禁輸一時は物資に苦しむが前大戦でアンナ目に会つたのだから今度はドンナ目に会ふか解らぬ　況や蔣は抗日でなく侮日排日一層強くなる　中ブラリンではいかぬ　即ち米と提携は考へられぬ

残された道は独伊との提携以外になし（『太平洋戦争への道　資料編』一九八八年）

以上のように、まず松岡は、第一次大戦時に英米陣営に与したにもかかわらず、大戦後の英米は日本の発展を妨害するようになったと論じた。そのうえで松岡は、そのような歴史的体験を踏まえると、もはや英米の陣営に与することは考えられず、また、英米の主張に従って「東亜新秩序」を放棄することも不可能であるため、日本には独伊と提携する以外の選択肢はないと主張した。このような、歴史的体験を踏まえた松岡の主張に対して、反対論を提示するのは困難であった。それゆえ及川としては、自動参戦義務の回避を条件にして、対英米軍事同盟の締結に賛意を表明するほかなかったのであろう。

強気と楽観の答弁

その後、一九四〇年九月一六日に臨時閣議が開催され、三国同盟の審議がおこなわれた。その際に特に懸念されたのが対米関係の悪化にともなう物資確保であったが、経済閣僚である河田《かわだ》烈《いさお》蔵相や星野直樹《ほしのなおき》企画院総裁は、意見を出さなかった。その結果、三国同盟の調印は閣議決定となったが、この時点では、自動参戦義務の削除をめぐって日独間で折衝が続けられており、外交交渉は決着していない。

そして、その三日後の一九日に御前会議が開催され、三国同盟に対する国家としての最終的な意志決定が下されることになった。この日は、自動参戦義務の明確化を日本側に迫るべく、ドイツ側が第三次案を松岡に提示してくる前々日である。御前会議では、伏見宮《ふしみのみや》博恭王《ひろやすおう》軍令部総長から自動参戦義務についての質問が出されたが、これに対して松岡は、参戦の可否は三国間協議によって決定されるので、自動参戦義務を負うことはないとの答弁をおこなった。

他方、御前会議において大きな問題となったのが、アメリカの経済圧力である。これは自主的に回避することはできない。すでにアメリカ政府は、南進政策に傾斜しつつある日本を牽制するべく、対日禁輸強化の姿勢を示しており、そこで三国同盟を成立させれば、アメリカ政府が対日禁輸の強化で対抗してくるのは明白であった。そうなれば日本経済は立ちゆかなくなり、日本は、資源を求めて武力南進せざるを得ない状況に追い込まれる。そのため、御前会議の出席者たちからは、戦略物資である鉄鋼と石油の確保についての質問が相次いだ。

鉄鋼については、近衛首相や星野企画院総裁が、備蓄の放出や民需の消費統制によって長期間軍需を賄えると強弁したが、より重要であったのが石油の確保であった。星野企画院総裁は、石油については相当の備蓄量があるとしたものの、基本的には北樺太と蘭印から輸入を図るほかないとした。とはいえ、蘭印からの輸入実績は少なく、北樺太に至っては産出量が少なすぎ、到底需要を賄えるものではなかった。

石油の確保については松岡も同様の答弁をおこない、蘭印経済交渉を通じて必要量を確保すると述べた。とはいえ、蘭印はオランダの植民地でこそあるものの、そこで産出される石油は英米の石油資本によって支配されており、蘭印から安定的に石油が輸入できる保障はなかった。当然のことながらその点についても質問が出されたが、これに対して松岡は、可能ならば石油会社ごと買収するという強気の答弁で押し切った。

日独伊三国同盟の成立

以上のように、一九四〇年九月一六日の臨時閣議と一九日の御前会議おいて提起された疑義、すなわち三国同盟の成立にともなって発生が予想される諸問題は、松岡らが展開した強気と楽観に満ちた答弁によって押し切られた。そして、難航した外交交渉が二五日までに最終決着すると、翌二六日、枢密院審査委員会による審査がおこなわれた。すると、ここでも、対米関係悪化にともなう物資需給への懸念や対米戦争誘発への危惧などが、枢密院顧問官たちから相次いで出された。

枢密院では、三国同盟の締結を決定した閣僚として東条陸相や及川海相も答弁をおこなったが、ここでの松岡の答弁は、臨時閣議や御前会議での答弁と概ね変わらぬものであった。ただ、日独交渉での合意を受けて、対ソ関係を改善して対米関係の悪化に備えるという答弁が目立った。そして、枢密院審査を通過したことで三国同盟交渉は条約調印へと進み、枢密院審査翌日の九月二七日、ベルリンにおいて日独伊三国同盟条約が調印された。条約は調印と同時に発効し、交渉開始から三週間足らず、「時局処理要綱」の起案から起算しても三ヵ月余りという異例のスピードで、三国同盟は成立した。

二年余り前に開始された防共協定強化交渉は、一年以上の時間を費やしても結論を出せず、結局自然消滅した。これに対して松岡は、強引さと杜撰さが目立ったとはいえ、南進政策追求の大前提となる三国同盟を、わずか三週間で成立させた。それゆえ、外交家としての松岡の手腕は近衛首相から高く評価された。また、南進論で湧く世論の期待に応えたことで、大衆政治家としての松岡の支持も大きく上昇した。

北部仏印進駐

三国同盟成立の直前に実現したのが日本陸軍の北部仏印進駐であり、三国同盟の成立とともに、日本が南進政策にのりだしたことを象徴した。

前述のように、仏印総督府と国境監視団による兵力進駐交渉は、一九四〇年八月三〇日の「松岡・アンリ協定」成立を受けて、同日からハノイで開始された。この交渉は九月三日に妥結し、国境監視団団長と仏印軍司令官の名前をとった「西原・マルタン協定」が成立した。ところが、その三日後、国境近くに進出していた日本軍の一個大隊が、誤って仏印側に越境した。そのため、仏印側の抗議によって「西原・マルタン協定」は白紙撤回され、協議は振出しに戻った。

交渉は一七日に再開されたが、「西原・マルタン協定」の白紙撤回にみられるように、仏印側はできるだけ交渉を引き延ばして進駐を遅らせる戦術に出ていた。そのため、進駐の早期実現を焦る陸軍は、交渉の再開に先立って対仏印強硬方針（「仏印問題爾後《じご》の措置に関する件」）を決定しており、一三日に、これを四相会議決定にもち込ませていた。その内容は、交渉結果とは無関係に、二二日〇時以降、北部仏印への進駐を強行するというものであり、仏印側が抵抗した場合には武力を行使するというきわめて強硬なものであった。

他方、東京において三国同盟交渉にあたっていた松岡は、英米に対するインパクトを狙って、三国同盟の成立日と北部仏印進駐の開始日を合わせようと図っていた。そのため松岡は、三国同盟交渉の難航が不可避となりつつあった一七日の四相会議において、進駐開始期限の撤回を軍側に要請した。ところが、進駐の早期実現に固執する陸軍は強硬に反対し、進駐開始期限の一日延長を認めたに過ぎなかった。

その後、進駐交渉は二二日一六時三〇分に妥結し、翌二三日からの兵力進駐で合意が成立した。かくして、進駐交渉の妥結は進駐開始期限に間に合ったが、武力南進を熱望する陸軍強硬派のサボタージュによって、期限内妥結の情報は末端の部隊まで行き渡らなかっ

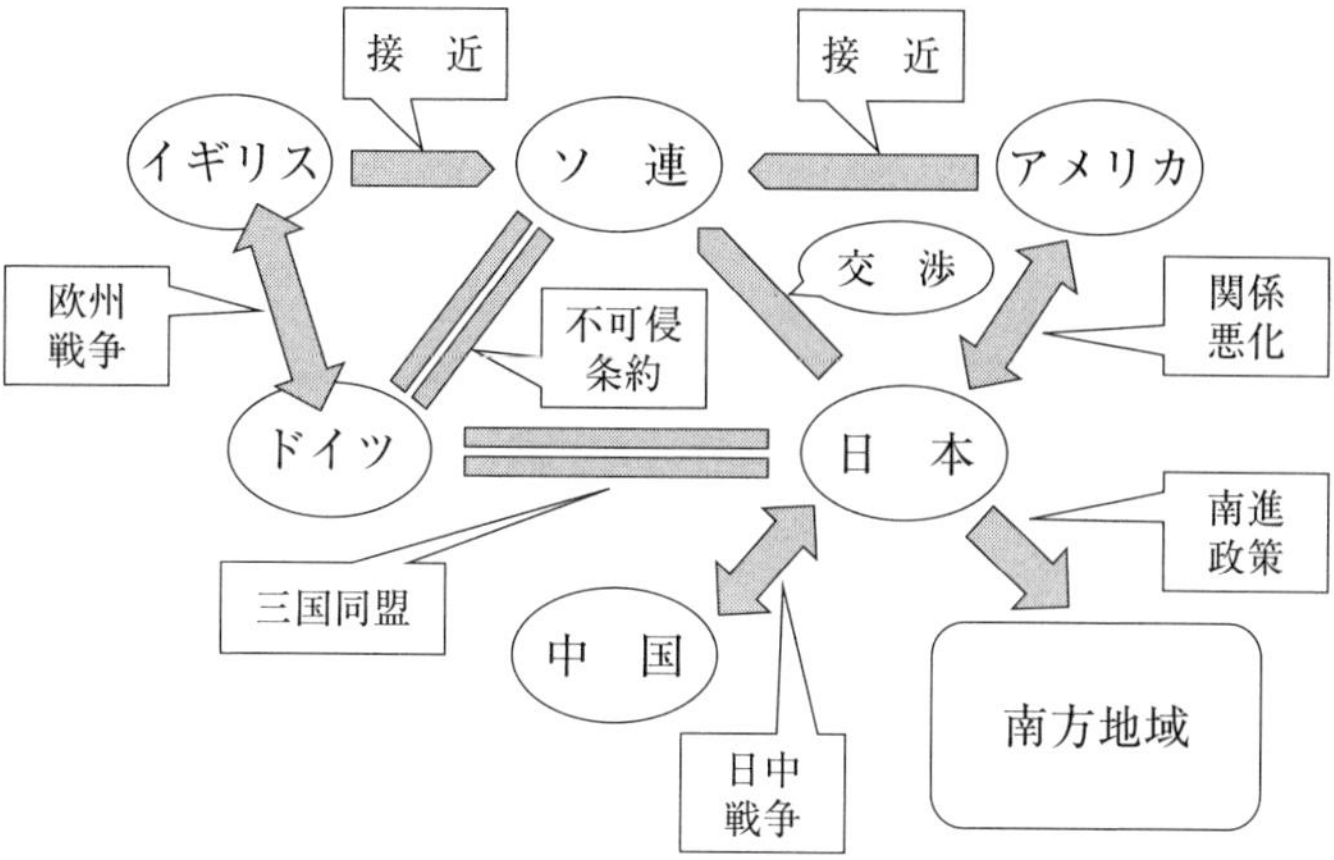

図７　三国同盟成立後の状況（1940年９～12月）

た。そのため、二三日〇時を迎えると、進駐に向けて国境付近に集結していた日本陸軍の部隊は、仏印軍に対する越境攻撃を開始した。

仏印軍と日本軍の戦闘は二五日夜まで続いたが、仏印側は進駐の合意を撤回しなかったため、兵力進駐は協定通りに二三日〇時から実施された。かくして、国境閉鎖の監視と租借する飛行場の警備を名目に一個連隊ほどの兵力が北部仏印に駐留することになったが、北部仏印進駐の開始日を三国同盟の成立日に合わせるという松岡の狙いは実現しなかった。

発動されなかった英本土上陸作戦

前述のように、南進政策の国策化と三国同盟の成立が急がれた理由は、ドイツ軍が英本土上陸作戦を開始するよりも先に、南進政策の体制を完成させるためであった。ところが、上陸作戦の前哨戦である英本土航空戦において独空軍は敗退し、英仏海峡上空の制空権掌握に失敗した。航空戦開始当初、ドイツ軍統帥部は、英本土上陸作戦の開始日を一九四〇年九月一五日に設定していたが、八月三〇日以降、英本土航空戦の戦況を受けて作戦の開始日は四回にわたって延期され、九月一七日には、上陸作戦の年内実施を見送る決定が下された。

松岡をはじめとする日本側関係者は、在外公館からの報告によって、ドイツ側劣勢で推移する英本土航空戦の戦況を把握していた。にもかかわらず、日独交渉において、松岡が英本土上陸作戦の可否や見通しをドイツ側に照会した記録はない。ドイツの最終勝利につけ込もうとする露骨な野心を、ドイツ側に見透かされるのを嫌ったのであろう。

九月中の英本土上陸作戦開始という南進政策の前提条件は、日独交渉開始の時点で崩れつつあった。にもかかわらず、交渉は規定方針通りに進められ、三国同盟は成立した。そして、同盟が成立した九月二七日の時点で、英本土上陸作戦は来年春以降への延期が確定しており、南進政策の予定表には早くも狂いが生じた。そのため松岡は、ドイツ軍が来年春に英本土上陸作戦を実施するまでの間、武力南進に向けた体制固め、すなわち対ソ交渉と日中和平を進めることになった。

料金受取人払郵便

本郷局承認

3864

差出有効期間
2022年7月
31日まで

郵便はがき

113-8790

東京都文京区本郷7丁目2番8号

吉川弘文館 行

愛読者カード

本書をお買い上げいただきまして、まことにありがとうございました。このハガキを、小社へのご意見またはご注文にご利用下さい。

お買上 **書名**

＊本書に関するご感想、ご批判をお聞かせ下さい。

＊出版を希望するテーマ・執筆者名をお聞かせ下さい。

お買上
書店名　　　区市町　　　書店

■新刊情報はホームページで http://www.yoshikawa-k.co.jp/

■ご注文、ご意見については E-mail:sales@yoshikawa

（ご注意）

・この用紙は…金額を記…ので、金額を記…にはっきりと記入してください。また、本票を汚したり、折…たりしないでください。

・この用紙は、ゆうちょ銀行又は郵便局の払込機能付きATMでもご利用いただけます。

・この払込書を、ゆうちょ銀行又は郵便局の渉外員にお預けになるときは、引換えに預り証を必ずお受け取りください。

・ご依頼人様からご提出いただきました払込書に記載されたおところ、おなまえ等は、加入者様に通知されます。

・この受領証は、払込みの証拠となるものですから大切に保管してください。

収入印紙
課税相当額以上
貼　付
（印）

◆この申込票…
体価格＋消費税…

◆荷造送料は、ご注文1回…

◆入金確認まで約7日かかります。

※領収証は改めてお送りいたしませんので、予めご諒承下さい。

振替払込料は弊社が負担いたしま…無料です。

お問い合わせ　〒113-0033・東京都文京区本郷7－2－8
吉川弘文館　営業部
電話03-3813-9151　FAX03-3812-3544

この場所には、何も記載しないでください。

注文書

ふりがな ご氏名	年齢　　歳　男・
〒□□□-□□□□ ご住所	電話
ご職業	所属学会等
ご購読 新聞名	ご購読 雑誌名

今後、吉川弘文館の「新刊案内」等をお送りいたします（年に
ご承諾いただける方は右の□の中に✓をご記入ください。

書　名

配本は、○印を付けた方
イ．下記書店へ配本して下さ
（直接書店にお渡し下さい）

http://www.

TEL03-3813-9151

払込取扱票

通常払込料金
加入者負担

02	東京

口座記号番号	金額（千・百・十・万・千・百・十・円）
00100=5=　244	※

加入者名	株式会社　吉川弘文館	料金	備考

ご依頼人・通信欄

フリガナ ※お名前	
郵便番号	電話
※ご住所	
※	

◆「本郷」購読を希望します

購読開始　　号より

1年　1000円（6冊）　3年　2800円（18冊）
2年　2000円（12冊）　4年　3600円（24冊）
（ご希望の購読期間に○印をお付け下さい）

日附印

裏面の注意事項をお読みください。（ゆうちょ銀行）（承認番号東第53889号）

これより下部には何も記入しないでください。

切り取らないでお出しください。

※印欄は、ご依頼人において記載してください。

振替払込請求書兼受領証

口座記号番号	00100=5　244（通常払込料金加入者負担）
加入者名	株式会社　吉川弘文館
金額	※（千・百・十・万・千・百・十・円）
ご依頼人	おなまえ ※　　　様
料金	日附印
備考	

記載事項を訂正した場合は、その箇所に訂正印を押してください。

この受領証は、大切に保管してください。

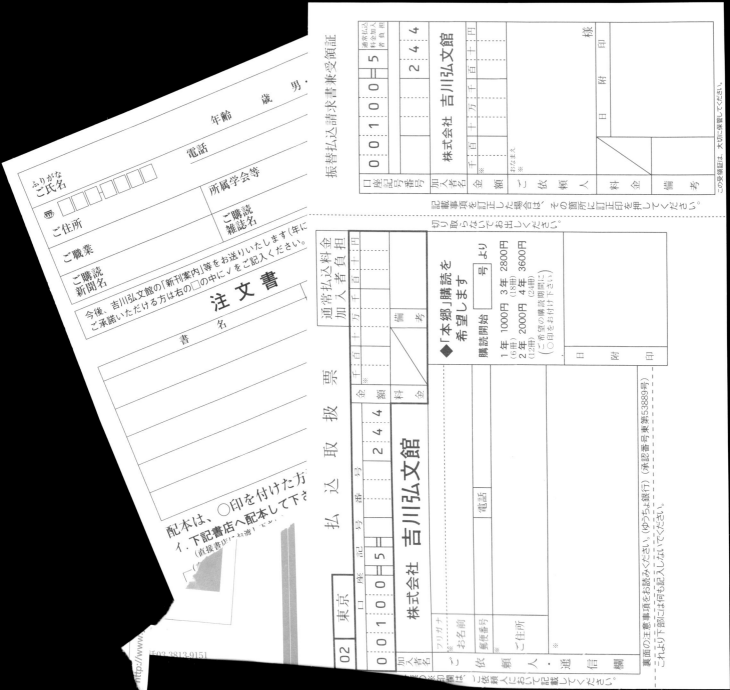

行き詰まった対ソ交渉と日中和平

対ソ交渉の再開

南進政策の主柱となる三国同盟を成立させた松岡は、その追撃戦として対ソ交渉に着手した。前述のように、第二次近衛内閣成立後、ソ連政府は、前米内内閣が提議した中立条約締結を受諾する条件として、北樺太《からふと》の利権解消を要求してきた。そのため、無条件での日ソ不可侵条約成立を狙う松岡は、対ソ交渉でドイツを利用すべく、三国同盟交渉において対ソ政策も協議した。

ドイツに対する松岡の期待は仲介と威圧が相半ばするものであったが、日独伊ソからなる四国同盟は否定していた。実際、松岡は、独ソ提携関係の不安定な実態を在外公館からの情報によって把握しており、一九四〇年八月三〇日のウィーン調停以降、独ソ間で摩擦が強まりつつあることも認識していた。さらに松岡は、日独を牽制する目的で米英が対ソ接近を試みていることも把握していた。そのため、松岡が追求した日ソ不可侵条約は、対ソ不戦体制の整備にとどまらず、ソ連と米英による対日包囲の阻止という目的も帯びていた。

このような状況を背景にして、三国同盟交渉では、日ソ不可侵条約の成立に向けてドイツが仲介役を果たすことが申し合わされていたが、三国同盟成立後の松岡は、まず単独での対ソ交渉を試みた。一〇月三〇日、新駐ソ大使の建川美次《たてかわよしつぐ》を通じて、日ソ不可侵条約の締結をソ連政府に提議したのである。

独ソの亀裂

他方、ウィーン調停後、独ソの溝は深まりつつあった。一九四〇年九月一二日以降、ドイツはフィンランドとの関係を強め、北部ノルウェーへの通行を名目に、ドイツ軍がフィンランド領内に駐留するようになった。さらに一〇月一日、ドイツ政府は、武器供与の代償として、フィンランド政府からニッケル鉱購入の権利を獲得し、その四日後には、ウィーン調停にもとづいてドイツ軍がルーマニアに進駐した。だが、フィンランドとルーマニアは、独ソ不可侵条約締結時の秘密議定書によってソ連の勢力範囲とされており、ドイツに対するソ連政府の不信感は反発の域へと達しつつあった。

実際、ドイツ政府にとって、フィンランドやルーマニアとの関係強化は対ソ開戦に備えた布石となっており、さらにこの時期のドイツ政府は、東欧諸国との間で三国同盟加入交涉を進めていた。その背景には、対英戦の棚上げと対ソ開戦に傾きつつあったヒトラーの意向が存在していたが、そのような状況の下で、リッベントロップ外相の反英統一戦線構想が追求されることになった。それは、ヒトラーが対ソ開戦を最終決断するのに先立って、リッベントロップの構想が実現可能か否かを試してみるという程度のものでしかなかった。

とはいえ、ドイツ政府がソ連政府に提案する形で、独ソ関係の包括的調整がおこなわれることになった。

独ソのベルリン会談

独ソの関係調整は、リッベントロップとモロトフ外相によるベルリン会談として、ヒトラーも交えながら、一九四〇年一一月一二日から二日間にわたって実施された。この会談に先立って、松岡は日ソ不可侵条約の無条件成立への協力をリッベントロップに依頼しており、これに対してリッベントロップは「リッベントロップ腹案」を松岡に示して同意した。「リッベントロップ腹案」は、ソ連に対して三国同盟陣営への同調（同盟への加入ではない）を求めて、インド・ペルシャ湾方面への南進政策を迫るものであり、これは陸軍が八月二七日に作成した「日独伊提携強化ニ関スル件」と同一の構想であった。

松岡は、その構想を自らが完成させた九月四日の「軍事同盟案」に引き継いだが、前述のように、松岡自身は反英統一戦線には懐疑的であった。そのため、三国同盟交渉では、ソ連に南進政策を要求することまでは話し合われておらず、当然、「リッベントロップ腹案」も登場していない。そのため、ソ連に南進政策を強要して日独伊ソの反英統一戦線を構築するというアイディアが日独間でもち上がったのは、この時が初めてである。

ベルリン会談は以上のような経緯を経て開催されたが、独ソの立場はまったく噛み合わなかった。「リッベントロップ腹案」を提示して、三国同盟陣営への同調と反英政策の追求を迫るリッベントロップやヒトラーに対して、モロトフは、北欧と東欧における勢力範囲の再確認に議論の的を絞ってきたのである。また、この会談においてリッベントロップは、無条件での日ソ不可侵条約締結をモロトフに促したが、モロトフは利権解消を条約締結の条件とする従来からの立場を譲らなかった。

失敗に終わったベルリン会談

「リッベントロップ腹案」に対するソ連側の正式な回答は、モロトフの帰国後に示されることになったが、それに先立つ一九四〇年一一月一八日、ソ連政府は、日本側が一〇月三〇日に提議していた日ソ不可侵条約締結に対する回答を、建川大使に示した。その回答は、無条件での不可侵条約締結を拒否し、北樺太利権の解消を条件とする中立条約の締結を逆提案するものであった。すなわち、ソ連政府の態度は、三国同盟成立前と何ら変わらなかったのである。これによりベルリン会談での仲介が奏功しなかったことが明らかとなったが、これについてリッベントロップは、二二日、ソ連側が「リッベントロップ腹案」に対する回答を示すまで、日ソ交渉は待った方がよいとの意見を松岡に伝え、松岡はリッベントロップに同意した。

「リッベントロップ腹案」に対するソ連政府の回答は、二五日に、シューレンブルク駐ソ大使に示された。それは、「リッベントロップ腹案」受諾の条件として、フィンランドからのドイツ軍の即時撤退をはじめとする四項目の実施を要求するものであり、そのなかには、日本は北樺太の権益を放棄するという項目も含まれていた。

このようなソ連側の回答に接したヒトラーは、これを一蹴し、対ソ開戦を決断した。一二月一八日、ヒトラーは、翌年五月一五日までに対ソ開戦の準備を完成させるよう全軍に命じたのである。そして、対ソ開戦への準備として、ハンガリー（一一月二〇日）、ルーマニア（同二三日）、チェコスロバキア（同二四日）を、次々と三国同盟に加入させた。

図８　アドルフ・ヒトラー

再度日本を欺いたドイツ

奇襲による対ソ開戦を狙うドイツ政府は、その決定を同盟国である日伊に対して秘匿した。それゆえ来栖三郎《くるすさぶろう》駐独大使は、ドイツ政府が流す偽情報を松岡に送るはめになった。来栖は、一九四〇年一二月四日、ドイツ政府は「リッベントロップ腹案」に対するソ連政府の回答を受け取ったが、独ソ間の話し合いは「リッベントロップ腹案」に沿った線で継続されるとの情報を松岡に伝えたのである。この偽情報の出所は帰国していたシュターマーであったが、リッベントロップ外相につながるシュターマーの欺瞞にのせられた来栖は、その後も松岡に偽情報を送り続けることになる。

一二月六日、来栖は、ドイツ政府の意見にもとづいて、不可侵条約を断念して中立条約の締結へと転換するよう具申した。また同日、モスクワの建川大使は、北樺太の利権解消なくして対ソ関係の改善は不可能であるとの見解を松岡に示した。これらの意見を受けた松岡は、利権解消をともなう中立条約締結は日本の威信を失墜させるので望ましくないとしたうえで、中立条約の無条件締結をソ連政府に受け容れさせるべく、ドイツ政府に協力を求めるよう来栖に訓令した。松岡は、この時点で、不可侵条約締結からの後退を決断したのである。

条件付きの中立条約締結は、松岡の外相就任時にソ連側が示してきた提案であり、その提案を受諾したのでは、三国同盟を成立させてドイツ政府に仲介を要請した意味がない。また、国内政治における大衆政治家としての立場からも、松岡はソ連側の提示する要求をそのまま呑むわけにはいかなかった。それゆえ、ドイツ政府の欺瞞にのせられた松岡は、仲介役としてのドイツに期待を寄せながら、対ソ交渉を続けることになった。

対英圧力強化を狙う松岡

松岡は、不可侵条約成立を目指して対ソ交渉を進める一方で、武力南進に向けたもう一つの体制固めとして、日中和平の実現を図っていた。日中和平が実現すれば、大陸に展開する膨大な兵力を武力南進に転用でき、武力南進をせずとも、兵力的な余力の発生はイギリスに対する大きな圧力となる。

実は、三国同盟交渉が大詰めを迎えつつあった九月後半、松岡は、イギリス政府内で東南アジア権益の譲渡による対日宥和が検討されているのを、重光葵《しげみつまもる》駐英大使からの情報によって把握していた。当時のイギリス政府は、本土防衛で窮地に立たされていたのみならず、国内の厭戦論や植民地での民族独立運動にも手を焼いていた。そこで対日戦争が発生すれば、大英帝国の維持にとっての致命的打撃となる。それゆえ、イギリス政府が対日戦争の回避を図って対日宥和を選択するならば、武力南進をせずに南方地域に対する支配権を手にすることが期待できる。

実際、日中戦争勃発以来、ヨーロッパ問題で手を焼いていたイギリス政府は、国際連盟での対日制裁回避、「有田・クレーギー協定」の成立、そしてビルマルートの閉鎖など、対日譲歩を重ね続けていた。それゆえ、三国同盟成立後の松岡は、武力南進の準備と対日宥和の引き出しを狙った対英圧力の強化、すなわち軍事的南進と外交的南進の両睨《にら》みの体制で、対ソ交渉と日中和平を進めた。これは松岡流のリスクヘッジであったが、実際にイギリス政府が対日宥和を図ることはなかった。

打ち切りとなった桐工作

前述のように、日中和平をめぐっては、支那派遣軍が三九年末から桐工作を開始しており、一九四〇年三月以降に大きく進展したこの工作は、陸軍を南進政策へと突き動かす要因の一つとなっていた。

外相に就任した松岡が桐工作の存在を知ったのは八月一三日であるが、九月に入ると桐工作は急展開した。態度を変化させた中国政府側に対して支那派遣軍が不信感を強め、一九日に桐工作の一時中止を決めたのである。そして、三国同盟成立後の一〇月八日、陸軍中央は桐工作の打ち切りを正式に発令した。

松岡の銭永銘工作

桐工作が打ち切られると、松岡は、それに代わる日中和平工作を追求した。軍事的であれ外交的であれ、南進政策を追求するには、日ソ不戦体制と並んで日中和平が不可欠となっていたのである。その結果、銭永銘《せんえいめい》工作と呼ばれる新たな和平工作が開始されることになった。この和平工作は、日本側の窓口を満鉄社員の西義顕《にしよしあき》とし、中国側の窓口を浙江《せっこう》財閥の巨頭である銭永銘とするものであり、松岡は、一九四〇年八月頃から、この工作ルートを開拓していた。

〒113-0033・東京都文京区本郷7丁目2番8号　振替 00100-5-244（表示価格は税別です）
電話 03-3813-9151（代表）　ＦＡＸ 03-3812-3544　http://www.yoshikawa-k.co.jp/

令和改元に伴い、新項目を増補―最も精確で信頼できる「天皇事典」

令和新修　歴代天皇・年号事典

米田雄介編

四六判・四六四頁／一九〇〇円　『内容案内』送呈

神武天皇から今上天皇までを網羅し、略歴・事跡などを平易に解説する。没後に天皇号を贈られた追尊《ついそん》天皇、皇位につかず太上《だじょう》天皇号を贈られた不即位太上天皇まで収め、各天皇の在位中に制定された年号や埋葬された陵《みささぎ》も記載。皇室典範特例法による退位と即位を巻頭総論に加え、天皇・皇室の関連法令など付録も充実。

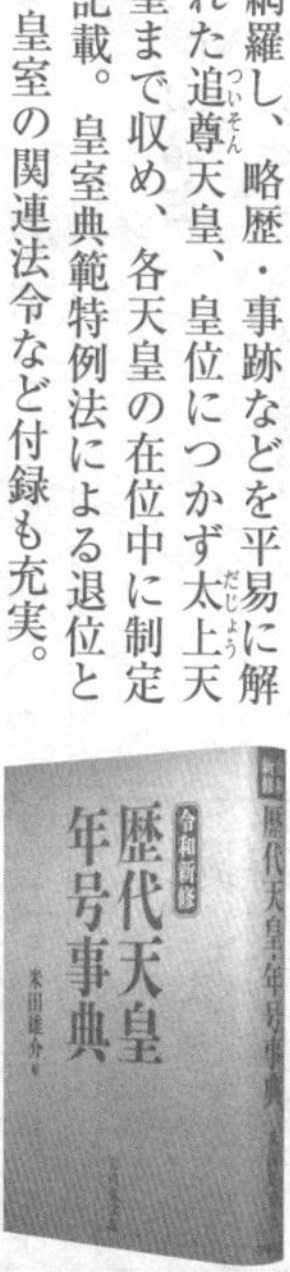

古墳、刀剣、城郭、応仁の乱＆幕末地図…。
ビジュアル付録を大増補！

日記と歴史百科が一冊で便利！

歴史手帳　2020年版

吉川弘文館編集部編

A6判・三三六頁／一一〇〇円

ここが変わった2020年版

◆見開きで管理できる「年間スケジュール」◆動乱の時代が一望できる「応仁の乱＆幕末地図」◆古来、日本と関わりの深い世界を知る「現代のアジア地図」◆刀剣・城郭ファンにおすすめ！　博物館や城巡り、時代劇鑑賞に役立つ「図録編」がさらに充実　※古墳・梵字・服飾・刀剣・山城・天守を追加（一挙10頁）◆シックで洗練された風合の装幀に一新！

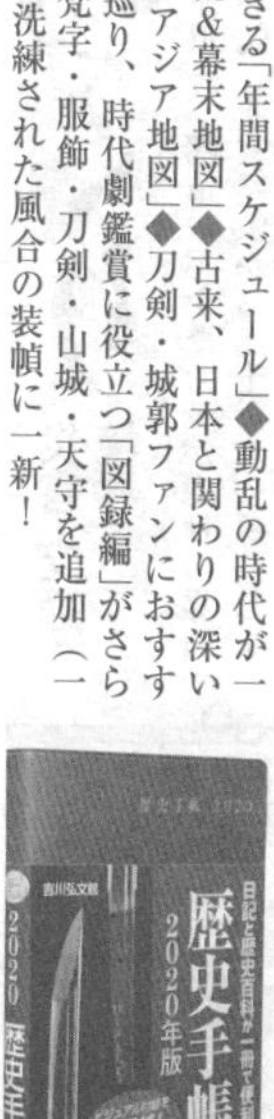

中世鎌倉のまちづくり

災害・交通・境界

高橋慎一朗著

山と谷が取り囲み、南に海が広がる鎌倉。寺社や遺跡、都市の「かたち」が中世の雰囲気を現在に伝える。多様な機能を持つ橋や禅宗寺院、武家屋敷から武士たちの暮らしを分析。人や物が絶え間なく行き交う都市鎌倉を探る。

四六判・二二八頁／二八〇〇円

朝廷の戦国時代

武家と公家の駆け引き

神田裕理著

戦国時代、天皇や公家たちはいかなる存在であったのか。足利将軍や天下人が、天皇・公家たちと交渉を繰り広げ、互いに利用し合った実態を解明。朝廷の「武家の傀儡《かいらい》」イメージを覆し、天皇・公家の主体性を再評価する。

四六判・二八八頁／二四〇〇円

池田綱政

元禄時代を生きた岡山藩主

倉地克直著

明君と知られた父光政と比較され、きびしい評価を受けてきた岡山藩池田家の二代目当主。だが実際は、大規模新田の開発や、閑谷学校の整備、後楽園の造営などの事蹟もある。時代に呼応した統治をすすめた人物像に迫る。

四六判・二四〇頁／二六〇〇円

核軍縮の現代史

北朝鮮・ウクライナ・イラン

瀬川高央著

東西冷戦後、米ソの中距離核戦力削減、ウクライナや朝鮮半島の非核化交渉、イラン核交渉などによる核軍縮が進んだ。安全保障上の利害の異なる関係諸国が、いかに核拡散の脅威を低減する合意を成立させてきたかを解明。

四六判・二六〇頁／一九〇〇円

文字は何を語るのか？ 今に生きつづける列島の古代文化

『内容案内』送呈

新しい古代史へ

全3巻 刊行中

平川 南著

A5判・平均二五〇頁・オールカラー

各二五〇〇円

❶ 地域に生きる人びと 甲斐国と古代国家

文字が語る国家の支配と人びとの暮らし。〈発売中〉

❷ 文字文化のひろがり 東国・甲斐からよむ

木簡、漆紙文書、墨書・刻書土器や碑文のさまざまな文字。戸籍などの公文書にみる文字の権威や、現代にも残る祈り・まじないの原像、仮名成立を解く新たな発見など、地中から甦った文字資料が豊かな古代社会を語る。

二六四頁〈第2回配本〉

❸ 交通・情報となりわい 甲斐がつないだ道と馬 〈続刊〉

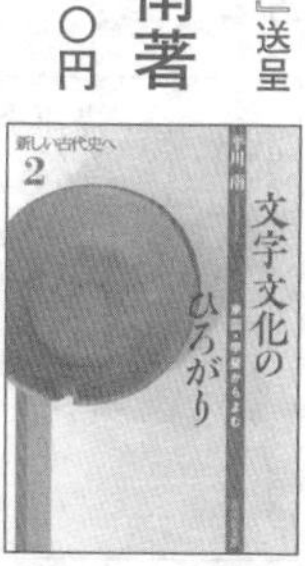

史実に基づく正確な伝記シリーズ

人物叢書

日本歴史学会編集　四六判

早良《さわら》親王（通巻296）

西本昌弘著

東大寺で出家後、兄の桓武天皇の即位で還俗《げんぞく》し皇太子となる。藤原種継《たねつぐ》暗殺事件に連座し死去。祟《たた》りを恐れた桓武により異例の待遇を受ける。事件の真相や仏教面の業績を解明し、「怨霊」のイメージに隠れた人物像に迫る。

二八八頁／二二〇〇円

三宅雪嶺《せつれい》（通巻297）

中野目 徹著

明治〜昭和期のジャーナリスト。政教社を設立し、社会事象を雑誌『日本人』に論じた。政治権力から距離をとり、独自の哲学構築と日本・日本人像を模索した稀有の言論人として、近代日本の歩みを体現した生涯を描く。

三三六頁／二三〇〇円

【好評既刊】 ※（ ）は通巻番号

前田利長（292） 見瀬和雄著 二三〇〇円

阪谷芳郎（293） 西尾林太郎著 二四〇〇円

藤原彰子《しょうし》（294） 服藤早苗著 二二〇〇円

橘 諸兄《もろえ》（295） 中村順昭著 二一〇〇円

歴史文化ライブラリー

●19年8月〜10月発売の3冊

四六判・平均二二〇頁　全冊書下ろし

人類誕生から現代まで／忘れられた歴史の発掘／常識への挑戦／学問の成果を誰にもわかりやすく／ハンディな造本と読みやすい活字／個性あふれる装幀

487

〈謀反〉の古代史

平安朝の政治改革

春名宏昭著

平安前期、充実した国政運営が進展する一方、承和《じょうわ》の変をはじめとする政変が頻発したのはなぜか。有能な官僚による「良吏《りょうり》政治」の下で変質する天皇のあり方などを読み解き、政治を動かす巨大なエネルギーの実態に迫る。

二〇八頁／一七〇〇円

488

戸籍が語る古代の家族

今津勝紀著

国民の身分台帳たる戸籍。古代にも戸籍に人々が登録され、租税負担の基本となっていた。どの範囲の親族が記載されたのか、人口総数や平均余命、歳の差婚が多かった理由等々、古代の人々の暮らしを明らかにする。

二二四頁／一七〇〇円

489

平将門の乱を読み解く

木村茂光著

「新皇」即位―。皇統を揺るがせ、朝廷に衝撃を与えた平将門の乱。乱の原因を探りつつ、その過程に八幡神や天神など新しい神々が登場する意味や王土王民思想が発現される要因を分析し、反乱の国家史的意義を読み解く。

二七二頁／一八〇〇円

【好評既刊】

483 **皇位継承の中世史** 血統をめぐる政治と内乱
佐伯智広著 〈2刷〉二一六頁／一七〇〇円

484 **たたら製鉄の歴史**
角田徳幸著 二五六頁／一八〇〇円

485 **特攻隊の〈故郷〉** 霞ヶ浦・筑波山・北浦・鹿島灘
伊藤純郎著 〈2刷〉二四〇頁／一七〇〇円

486 **海辺を行き交うお触れ書き** 浦触の語る徳川情報網
水本邦彦著 二八八頁／一八〇〇円

歴史文化ライブラリー オンデマンド版 販売のお知らせ

一九九六年に創刊し、現在通巻四八〇を超えた歴史文化ライブラリーの中から、永らく品切れとなっている書目をオンデマンド版にて復刊いたしました。新たに追加したタイトルなど、詳しくは『出版図書目録』または小社ホームページをご覧下さい。

オンデマンド版とは？

書籍の内容をデジタルデータで保存し、ご注文を戴いた時点で製作するシステムです。ご注文をお受けするたびに、一冊ずつ製作いたしますので、お届けできるまで二週間程度かかります。なお、受注製作となりますのでキャンセル・返品はお受けできません。あらかじめご了承下さい。

読みなおす日本史

毎月1冊ずつ刊行中　四六判

日本の神話を考える

上田正昭著
一九二頁／二二〇〇円（解説＝千田　稔）

『古事記』『日本書紀』だけが日本の神話ではない。『風土記』や『万葉集』『先代旧事本紀』なども、神話の貴重な断片を伝えている。その全体を東アジアとの関わりも視野に入れて見通し、日本神話の成立と構造を解き明かす。

奈良の寺々 古建築の見かた

太田博太郎著
一九二頁／二二〇〇円（解説＝藤井恵介）

絵画や彫刻と異なり実用性も要求される建築は、基本的な知識がないと美や良さを理解するのが難しい。奈良の古寺を題材に、基礎用語と建物の構造をやさしく解説した、鑑賞のための入門書。便利な建築用語索引を付す。

鎌倉幕府の転換点 『吾妻鏡』を読みなおす

永井　晋著
二二〇頁／二二〇〇円（補論＝永井　晋）

鎌倉幕府の歴史は、正史『吾妻鏡』にいかに叙述されているのか。源平合戦、御家人の抗争、北条氏の権力確立などを年代順に辿り、『吾妻鏡』の記述と京都の公家・寺院の記録を比較検証。何が事実であったかを読み解く。

日本人は、何を、何のために、どのように食べてきたか？

食材、調理法、食事の作法や歳事・儀礼など多彩な視点から、これまでの、そしてこれからの日本の〝食〟を考える。

日本の食文化

全6巻 完結

小川直之・関沢まゆみ・藤井弘章・石垣　悟編

四六判・平均二五六頁／各二七〇〇円　『内容案内』送呈

●最新刊の2冊

③麦・雑穀と芋

小川直之編

麦・粟・稗などの雑穀と芋類、豆類は日々の食を支え、救荒食ともなった。地方色豊かな雑穀と芋の食べ方、麺類やオヤキなどの粉食から、多様な主食・常食のあり方を示す。大豆の加工品である納豆と豆腐も取り上げる。

⑥菓子と果物

関沢まゆみ編

砂糖が普及する以前、甘い食物は貴重だった。古代から食されてきた栗・柿・みかん、年中行事と関わる饅頭・汁粉・柏餅、庶民に親しまれた飴、贈答品の和菓子、文明開化後の洋菓子など、人を惹きつける甘味の文化を描く。

●好評既刊

①食事と作法

小川直之編

人間関係や社会のあり方と密接に結びついた「食」を探る。

②米と餅

関沢まゆみ編　腹を満たすかて飯とハレの日のご馳走。特別な力をもつ米の食に迫る。

④魚と肉

藤井弘章編　沿海と内陸での違い、滋養食や供物。魚食・肉食の千差万別を知る。

⑤酒と調味料、保存食

石垣　悟編

乾燥に発酵、保存の知恵が生んだ食―。「日本の味」の成り立ちとは。

三つのコンセプトで読み解く、新たな〝東京〟ヒストリー

『内容案内』送呈

みる
よむ
あるく

東京の歴史

全10巻
刊行中

池 享・櫻井良樹・陣内秀信・西木浩一・吉田伸之編

B5判・平均一六〇頁／各二八〇〇円

巨大都市《メガロポリス》東京は、どんな歴史を歩み現在に至ったのでしょうか。史料を窓口に「**みる**」ことから始め、これを深く「**よむ**」ことで過去の事実に迫り、その痕跡を「**あるく**」道筋を案内。個性溢れる東京の歴史を描きます。

最新刊

7 渋谷区・中野区・杉並区・板橋区・練馬区・豊島区・北区（地帯編4）

いまは繁華街として多くの人で賑わう渋谷や池袋も、江戸時代には郊外でした。近代化にともない鉄道が伸び、人が移り住み、やがてムラからマチへと都市化を遂げていった、二三区西北部エリアの変貌と発展を描きます。

【既刊6冊】

1 先史時代～戦国時代（通史編1）
2 江戸時代（通史編2）
3 明治時代～現代（通史編3）
4 千代田区・港区・新宿区・文京区（地帯編1）
5 中央区・台東区・墨田区・江東区（地帯編2）
6 品川区・大田区・目黒区・世田谷区（地帯編3）

〈続刊〉8 足立区・葛飾区・荒川区・江戸川区（地帯編5）／9 多摩Ⅰ（地帯編6）／10 多摩Ⅱ・島嶼（地帯編7）

摂関政治最盛期の「賢人右府」
藤原実資《さねすけ》が綴った日記を待望の現代語訳化！

『内容案内』送呈

現代語訳 小右記 全16巻

倉本一宏編　四六判・平均二八〇頁／半年に1冊ずつ配本中

⑨「この世をば」【第9回】二八〇〇円

寛仁二年（一〇一八）正月～寛仁三年（一〇一九）三月　道長三女の威子が後一条天皇の中宮に立ち、「一家三后」という形で道長の栄華が頂点を極める。その宴席で和歌を詠むことを求められた実資は、道長の詠んだ「この世をば」を皆で唱和しようと提案。その胸中や如何に。　三一二頁

好評既刊

❶三代の蔵人頭《くろうどのとう》　二八〇〇円
❷道長政権の成立　二八〇〇円
❸長徳《ちょうとく》の変　二八〇〇円
❹敦成《あつひら》親王誕生　二八〇〇円
❺紫式部との交流　二八〇〇円
❻三条天皇の信任　三〇〇〇円
❼後一条天皇即位　三〇〇〇円
❽摂政頼通　三〇〇〇円

名久井文明著　A5判／各四五〇〇円

食べ物の民俗考古学　木の実と調理道具

縄紋時代の人々は、木の実などの食べ物をいかに処理し、利用してきたのか。出土遺物が形成された背景を、従来の考古学では研究対象にしてこなかった民俗事例から追究。食べ物を素材に「民俗考古学」の地平を広げる。　一七六頁

生活道具の民俗考古学　籠・履物・木割り楔・土器

縄紋時代以降、人々は籠や履物などの生活道具をいかに作り、使ってきたか。出土遺物が形成された背景を、従来の考古学では研究対象にしなかった民俗事例から追究。生活道具を素材に「民俗考古学」の地平を広げる。　一九二頁

古代日本の国家と土地支配

松田行彦著　A5判・三四四頁／一一〇〇〇円

古代の人と土地との関係を、経済面と国家との関係から追い、地域社会の土地慣行を復元。班田収授法の理解に必要な大宝田令条文を、唐の土地制度と比較分析して、土地をめぐる諸問題への律令制国家の関与を追究する。

中世足利氏の血統と権威

谷口雄太著　A5判・三五〇頁／九五〇〇円

中世後期、足利氏とその一族（足利一門）は、自らを尊貴な存在と権威付けていた。なかでも別格の吉良・石橋・渋川の三氏（御一家）を具体的に検証。足利一門を上位とする武家の儀礼・血統的な秩序形成から崩壊までを描く。

足利一門守護発展史の研究（新装版）

小川　信著　　Ａ５判・八三四頁／一二〇〇〇円

中世政治史に新生面を開いた室町幕府・守護体制の実証的研究を新装復刊。足利一門（細川・斯波・畠山）の発展過程を追究し、三管領として政権の中枢を占めた理由を解明する。研究の進展に今なお寄与する労作。解説付。

近世地方寺院経営史の研究

田中洋平著　　Ａ５判・二五八頁／一〇〇〇〇円

近世寺檀制度の枠組外にあった小規模仏寺は、いかに存続しえたのか。関東地域の祈禱寺院・修験寺院・無住寺院を中心に、宗教・金融・土地集積など多様な活動を検討。寺門を取り巻く地域社会と寺院経営との関係に迫る。

日本陸軍の軍事演習と地域社会

中野　良著　　Ａ５判・二六〇頁／九〇〇〇円

軍隊の維持に不可欠な軍事演習にあたり、陸軍と地域はいかなる関係を有したか。日露戦後から昭和戦前期を対象に、演習地の負担や利益、演習地に対する陸軍の認識を検討。天皇統監の特別大演習に関する論考も収録する。

帝国日本の大陸政策と満洲国軍

及川琢英著　　Ａ５判・二九二頁／九〇〇〇円

満洲国軍とはいかなる存在だったのか。馬賊ら在地勢力の編入過程や、陸士留学生、軍内統制、国兵法の意義、作戦動員と崩壊までを検証。日露戦争以後の日本の大陸政策と中国東北史に位置づけ、歴史的意義を考察する。

戦後日本の教科書問題

石田雅春著　　Ａ５判・二四〇頁／九〇〇〇円

教育課程や検定制、歴史教科書の記述内容などを焦点に進められてきた戦後の教科書問題研究。日教組と文部省の対立や教科書無償化、家永教科書裁判などの諸問題を、従来とは異なる視点で分析して実態に迫る。

日本考古学　第49号

日本考古学協会編集――Ａ４判・一三八頁／四〇〇〇円

正倉院文書研究　第16号

正倉院文書研究会編集―Ｂ５判・一三四頁・口絵二頁／五〇〇〇円

鎌倉遺文研究　第44号

鎌倉遺文研究会編集――Ａ５判・八〇頁／二〇〇〇円

戦国史研究　第78号

戦国史研究会編集――Ａ５判・五二頁／六四九円

交通史研究　第95号

交通史学会編集――Ａ５判・一一四頁／二五〇〇円

浅草寺日記　第39号

浅草寺史料編纂所・浅草寺日並記研究会編――Ａ５判・八一六頁／一〇〇〇〇円

泰平の世を導いた３将軍の記念碑的伝記を

３冊一挙に新装復刊！

Ａ５判・上製／『内容案内』送呈

徳川家康公伝〈新装版〉

中村孝也著

家康没後三五〇年、日光東照宮の記念事業として編纂された伝記を新装復刊。家康の性格描写に注力し、歴史的環境とともに全生涯を総観する。詳細な年譜と、関連史跡や文書など豊富な図版も収めた、家康研究に必備の書。

本文一〇五八頁
口絵(原色一丁・単色二六丁)
折込(原色一丁・単色一丁)
二五〇〇〇円

徳川家光公伝〈新装版〉

廣野三郎著

徳川家三代将軍として幕府の基礎を強固にした家光。その三百回忌を記念して編纂された初の本格的伝記を新装復刊。誕生から任官までの経歴、将軍の個性を中心に、その治世と鎖国令など事績を余すことなく詳述する。

本文六六八頁
原色口絵二丁・別刷一一丁
二〇〇〇〇円

徳川吉宗公伝〈新装版〉

辻　達也著

享保の改革を主導した中興の名君として知られる徳川八代将軍吉宗。没後二〇〇年にあたり編纂された伝記を新装復刊。幕府政治再建に力を注いだ事績を究明するなど、個人の伝記にとどまらず享保時代史ともいうべき名著。

本文四三八頁
原色口絵一丁・別刷一三丁
二〇〇〇〇円

鐙《あぶみ》瓦・宇《のき》瓦
文字瓦・鴟尾《しび》
鬼瓦・塼《せん》…

戦前の日本・中国・朝鮮半島で発掘された膨大な「古瓦」を分類・編集した稀覯書を新装復刊

古瓦《こが》図鑑（新装版）

石田茂作編

Ａ４横判・二九六頁／三二〇〇〇円

戦前の考古学者高橋健自が収蔵した、日本・中国・朝鮮半島の遺跡出土の古瓦九五九点を、形式ごとに分類・編集した図鑑を新装復刊。古墳時代から近世までの瓦を収め、発見地や寸法も明記。古代史・考古研究の重要資料。

『内容案内』送呈

日本女性史大辞典

金子幸子・黒田弘子・菅野則子・義江明子編

四六倍判
九六八頁
二八〇〇〇円

日本仏教史辞典

今泉淑夫編

四六倍判・一三〇六頁／二〇〇〇〇円

日本仏像事典

真鍋俊照編

四六判・四四八頁／二五〇〇円

神道史大辞典

薗田　稔・橋本政宣編

四六倍判・一四〇八頁／二八〇〇〇円

事典 古代の祭祀と年中行事

岡田荘司編

A5判・四四六頁・原色口絵四頁／三八〇〇円

日本民俗大辞典 上・下（全2冊）

福田アジオ・神田より子・新谷尚紀・中込睦子・湯川洋司・渡邊欣雄編

四六倍判
上＝一〇八八頁・下＝一一九八頁／揃価四〇〇〇〇円（各二〇〇〇〇円）

精選 日本民俗辞典

菊判・七〇四頁
六〇〇〇円

沖縄民俗辞典

渡邊欣雄・岡野宣勝・佐藤壮広・塩月亮子・宮下克也編

〈僅少〉
菊判・六七二頁
八〇〇〇円

有識故実大辞典

鈴木敬三編

四六倍判・九一六頁／一八〇〇〇円

年中行事大辞典

加藤友康・高埜利彦・長沢利明・山田邦明編

四六倍判
八七二頁
二八〇〇〇円

日本生活史辞典

木村茂光・安田常雄・白川部達夫・宮瀧交二編

四六倍判
八六二頁
二七〇〇〇円

徳川歴代将軍事典

菊判・八八二頁／一三〇〇〇円

江戸幕府大事典

大石　学編

菊判・一一六八頁／一八〇〇〇円

近世藩制・藩校大事典

菊判・一一六八頁／一〇〇〇〇円

※書名は仮題のものもあります。

縄文時代の植物利用と家屋害虫 圧痕法のイノベーション
小畑弘己著 B5判／八〇〇〇円

阿倍仲麻呂（人物叢書298）
森 公章著 四六判／二一〇〇円

藤原俊成 中世和歌の先導者
久保田 淳著 四六判／三八〇〇円

「王」と呼ばれた皇族 古代・中世皇統の末流
日本史史料研究会監修・赤坂恒明著 四六判／二八〇〇円

神仏と中世人 宗教をめぐるホンネとタテマエ（歴史文化ライブラリー491）
衣川 仁著 四六判／一七〇〇円

経覚（人物叢書299）
酒井紀美著 四六判／二三〇〇円

軍需物資から見た戦国合戦（読みなおす日本史）
盛本昌広著 四六判／二二〇〇円

戦国大名毛利家の英才教育 元就・隆元・輝元と妻たち（歴史文化ライブラリー492）
五條小枝子著 四六判／一七〇〇円

東海の名城を歩く 岐阜編
中井 均・内堀信雄編 A5判／二五〇〇円

信長と家康の軍事同盟 利害と戦略の二十一年（読みなおす日本史）
谷口克広著 四六判／二二〇〇円

明智光秀の生涯（歴史文化ライブラリー490）
諏訪勝則著 四六判／一八〇〇円

戦国大名北条氏の歴史 小田原開府五百年のあゆみ
小田原市編・小和田哲男監修 A5判／一九〇〇円

肥前名護屋城の研究 中近世移行期の築城技法
宮武正登著 B5判／一二〇〇〇円

城割の作法 一国一城と城郭政策
福田千鶴著 四六判／三〇〇〇円

大学アーカイブズの成立と展開 公文書管理と国立大学
加藤 諭著 A5判／一一五〇〇円

芦田均と日本外交 連盟外交から日米同盟へ
矢嶋 光著 A5判／九〇〇〇円

文化遺産と〈復元学〉 遺跡・建築・庭園復元の理論と実践
海野 聡編 A5判／四八〇〇円

モノのはじまりを知る事典 生活用品と暮らしの歴史
木村茂光・安田常雄・白川部達夫・宮瀧交二著 四六判／二六〇〇円

「令和」を迎え「平成」を網羅した十四年ぶりの増補新版！

日本史総合年表 第三版

定評ある日本史年表の決定版

加藤友康・瀬野精一郎・鳥海 靖・丸山雍成編

『国史大辞典』別巻

旧石器時代から令和改元二〇一九年五月一日に至るまで、政治・経済・社会・文化にわたる四万一〇〇〇項目を収録。西暦を柱に和年号・干支・閏月・改元月日・大の月、朝鮮・中国年号及び天皇・将軍・内閣他の重職欄を設け、近世までの項目には典拠を示し、便利な日本史備要と索引を付した画期的編集。

改元・刊行記念特価 一五〇〇〇円（二〇二〇年二月末まで）以降一八〇〇〇円

四六倍判・一二九二頁

『内容案内』送呈

事典 日本の年号

小倉慈司著

大化から令和まで、二四八の年号を確かな史料に基づき平易に紹介。年号ごとに在位した天皇、改元理由などを明記し、年号字の典拠やその訓みを解説する。地震史・環境史などの成果も取り込んだ画期的〈年号〉事典。

四六判・四六〇頁／二六〇〇円

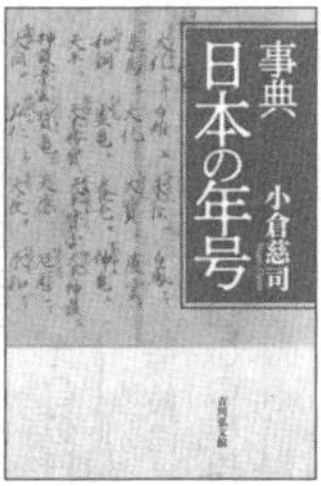

沖縄戦を知る事典

非体験世代が語り継ぐ

吉浜　忍
林　博史
吉川由紀編

「鉄の暴風」が吹き荒れた沖縄戦。その戦闘経過、住民被害の様相、「集団自決」の実態など、六七項目を収録。豊富な写真が体験者の証言や戦争遺跡・慰霊碑などの理解を高め、〝なぜ今沖縄戦か〟を問いかける読む事典。

〈5刷〉Ａ5判・二二二頁／二四〇〇円

そして、桐工作が打ち切りとなると、松岡は銭永銘工作を始動させ、在汪兆銘《おうちょうめい》政府大使館参事官の田尻愛義《たじりあきよし》を西への支援に当たらせる一方で、上海市顧問の船津辰一郎《ふなつたついちろう》にも支援を求めた。元外務省東亜局第一課長である田尻は、汪政府樹立工作に関与した中国通であり、船津もまた、日中戦争初期におこなわれた和平工作（船津工作）に関与した中国通であった。そして、西、田尻、船津は、銭永銘への説得にかかり、和平交渉に対する協力を銭から取り付けることに成功した。

他方、桐工作の中止が決定される直前の一〇月一日、中国政府との和平条件を定めた「対重慶《じゅうけい》和平交渉の件」が陸海外三相決定となり、その後、陸海軍は、同文書をベースにして、二三日に「支那事変処理要綱」をまとめ上げた。これらの文書によって三国同盟成立後の日中戦争処理策が定められたが、そのなかで盛り込まれた日中和平の条件は、満洲国承認、抗日政策放棄、一定期間の駐兵と資源の開発と利用などであった。

銭永銘工作も打ち切られる

銭永銘工作は、このような和平条件をもとにして、一一月初旬頃に始動した。そして、前記の和平条件を提示した日本側に対して、中国政府側は、一一月一九日、日本軍の即時完全撤退と汪政府に対する国家承認の延期などを条件にして、交渉に応じるとの回答を示した。焦点となったのは日本軍の撤退時期であったが、すでに日本政府は、六日前の一三日に「支那事変処理要綱」を最高度の拘束力をもつ御前会議決定としており、和平条件を変更することは不可能となっていた。

そのため、銭永銘工作はほとんど進展せず、二八日に中止、翌一二月一二日には正式に打ち切りとなった。打ち切りの原因は、田尻や来栖駐独大使からの報告によって、先方の反応は謀略であると松岡が判断したためであった。なお、桐工作についても、後に、これが中国政府による謀略であったことが明らかとなっている（宋子良《そうしりょう》と名乗る人物は中国政府の工作員であった）。ある意味で日本陸軍は、中国政府の謀略にのせられて南進政策に傾斜し、その結果として英米との対決を選択する羽目になったともいえる。

汪政府承認

前述のように、一九三九年一〇月以降、陸軍は、対中和平工作と傀儡《かいらい》中央政府樹立工作を並行させ、最終的には両工作を合流させて日中全面和平を実現させるという方針で、日中戦争に臨んでいた。そのため、桐工作の進展に対応して、四〇年三月に成立した汪政府に対する国家承認は延期されていた。だが、桐工作と銭永銘工作が相次いで打ち切りとなると、汪政府に対する国家承認がもち上がった。

日本政府と汪政府の国交交渉は、米内内閣末期の七月五日から開始されており、第二次近衛内閣成立後の八月二八日に、国交条約案が完成した。銭永銘工作と同様に、ここでも日本軍の撤兵時期が問題となったが、「戦争状態の終結後、治安が確立してから二年以内に撤兵を完了する」ということで妥協が成立した。その後条約案は、九月に興亜院が修正点を提示し、これを反映させた最終的な条約文が一〇月一日に完成した。

条約文が完成した時、すでに桐工作は打ち切りとなっていたため、一〇月末に国交条約が調印される運びとなった。その後、松岡が銭永銘工作を開始したため調印はいったん延期となったが、銭永銘工作が打ち切りとなると、条約文は規定通りに国内手続きが進められ、一一月三〇日に、「日本中華民国間基本関係に関する条約」が調印された。これによって日本政府と汪政府との間で正式な国交が発生したが、その反面、中国政府との和平は断たれることになった。

また、三国同盟成立によって日本が南進政策の追求を明確にしたのを確認したイギリス政府は、一〇月一七日、三ヵ月の期限を迎えたビルマルートの閉鎖を解除した。そのため、中国政府は再び軍需物資を入手できるようになり、六月から続いた最悪の状況を脱した。

南進政策による日中戦争終結

一九四〇年一一月一三日に御前会議決定となった前出の「支那事変処理要綱」は、年内に中国政府が屈服した場合には中国政府と汪政府の合流を、しなかった場合には、長期戦によって戦争終結を図るという方針を定めていた。ここでいう長期戦とは、大陸に展開する兵力を削減して武力南進の兵力を捻出し、好機を捉えた武力南進によって自給的経済体制を確立するというものである。だが、その実態は、不可能となった日中戦争の終結を放棄して、南進政策に集中するというものであった。

南進政策が国策化された時の論理は、日中戦争を終結させて南進政策を追求するというものであり、日中戦争の終結が南進政策の必要条件となっていた。ところが、「支那事変処理要綱」の御前会議決定を境にして、その論理は逆転した。南進政策の追求こそが泥沼化する日中戦争を終結させるという論理に置き換えられ、南進政策の追求が日中戦争終結の必要条件となったのである。拙速に具体化が図られた南進政策は、支離滅裂の状態に陥りつつあった。

破綻した南進政策

対日経済圧力と南方経済交渉

対日禁輸の強化

一九四〇年七月二日に国防法を成立させたアメリカ政府は、同日、対日禁輸を発動した。その主な対象品目は、兵器、弾薬、軍用機材、工作機械であり、そのほかにも、アルミやレアアースなどの物資（二三品目）や、それらの物資を含む製品も、禁輸の対象となった。

南進政策の追求を掲げる第二次近衛文麿《このえふみまろ》内閣が二二日に成立すると、その四日後、アメリカ政府は航空機用ガソリンと一級屑鉄も禁輸の対象に加えた。そして、日独交渉が開始されると、航空燃料の精製装置や航空機エンジンに関する技術などが禁輸の対象となり、九月二三日に日本軍が北部仏印への進駐を開始すると、その三日後、アメリカ政府は全等級の屑鉄を対日禁輸の対象とした。また、一〇月以降、イギリス政府やカナダ政府も対日禁輸を発動するようになり、これらの対日経済圧力によって、日本の物資輸入は困難を来すようになった。

物資の備蓄

日米通商航海条約の失効後、日本政府は、対日禁輸に備えた対策として輸入貿易の多角化を図っていたが、もう一つの対策となっていたのが備蓄であった。備蓄は、「物資動員計画」（物動計画）の繰上輸入や特別輸入という形で米内光政《よないみつまさ》内閣期から実施され、第二次近衛内閣も引き継いだ。

備蓄の対象とされたのは北米からの輸入物資であったが、アメリカが対日経済圧力を強化し始めると備蓄は行き詰まり、南方地域に物資を求める以外に対策はなくなった。そのため、一九四〇年九月一三日から開始された蘭印経済交渉では、石油をはじめとする鉱物資源の大規模輸入が図られた。

蘭印経済交渉と石油

経済交渉の相手となった蘭印総督府は、イギリスに設立された亡命オランダ政府の実効支配下にあり、日本代表団に対する態度は交渉開始の時点から冷淡であった。交渉は石油交渉から始められたが、日本側が交渉目標に設定した年間三八〇万トンの輸入量は、「昭和一五年度物動計画」で算出された必要総輸入量三五三万トンを超えるものであった（従来の蘭印からの年間輸入量は六五万トン）。日本政府は、対米石油依存からの完全脱却を図ろうとしたのである。

石油交渉での交渉相手は、蘭印総督府ではなく、蘭印の石油を支配する英米の石油会社であったが、その英米の石油会社は、九月二七日の三国同盟成立後、一方的に販売契約量の削減を通告してきた。実は、経済交渉の開始に先立って、米英の石油会社は米英政府の関係者と事前協議をおこなっており、日本とは長期にわたる大量の売買契約を結ばないという方針を確認していたのである。

驚愕した日本代表団は、蘭印総督府に対して販売量増量への働きかけを求めたが、蘭印側の態度は三国同盟成立を境に敵対的なものへと変化しており、拒否された。その結果、日本代表団が一一月一二日までに成立させた年間売買契約は合計一三五万トンに止まり、対米石油依存からの完全脱却という目論見は果たせなかった。

交渉中断

他方、石油以外の品目の輸入や投資、入国などについての交渉は、なかなか始動しなかった。経済交渉の早期開催を図る松岡によって慌ただしく蘭印に送り込まれたため、日本代表団は、原則的な要求事項こそ携えていたものの、蘭印側と協議すべき具体的な交渉案を用意できていなかったのである。そのため、日本代表団は、蘭印到着後、現地で交渉案の作成に着手する有様となった。そして、一九四〇年九月下旬になると、しびれを切らした蘭印側は交渉案の早期提示を日本側に求めるようになり、三国同盟成立後の九月三〇日には、場合によっては交渉を打ち切るという姿勢を示すまでになった。

前述のように、松岡が経済交渉の開始を急いだ理由は欧州戦争の早期終結に備えるためであった。三国同盟成立前に戦争が終結した場合には、ドイツが蘭印を独占支配するのを阻止する口実に利用し、三国同盟成立後に戦争が終結した場合には、経済交渉の場を利用して、蘭印側に対して強硬な政治要求を提出する算段となっていたのである。

ところが、三国同盟成立の時点で戦争の終結は翌年春以降に持ち越しとなったため、松岡は、ドイツ軍が上陸作戦を開始するのに合わせて、翌年春に交渉案を提出するという判断に傾いた。そして、折しも日本代表団のなかでは、交渉代表の小林一三《こばやしいちぞう》に対する不満が生じていた。これを奇貨《きか》とした松岡は、一〇月一七日、交渉状況についての報告を名目に、小林に対して一時帰国の命令を出した。小林を帰国させることで、交渉案策定のための時間を稼ぐのと同時に、交渉の引き延ばしを図ったのである。

仏印経済交渉

前年来、仏印に対する日本政府の関心は、もっぱら仏印ルートの遮断に向けられ、経済関係の強化については関心が向けられなかった。だが、三国同盟成立後の対日経済圧力の強化は、蘭印のみならず仏印からも物資を確保する必要性を生じさせた。日本と仏印との経済関係強化については、「松岡・アンリ協定」成立後、企画院において検討が進められ、一九四〇年九月二四日までに結論が得られていた。そして、その結論を受けて、仏印総督府との間で経済交渉を実施することが、一〇月一日の閣議で決定された。

蘭印と同様に、仏印においても、大恐慌下の保護主義によって様々な規制が対日経済関係に課されていた。そのため、蘭印経済交渉と同様に、仏印経済交渉における目標も、対日制限の撤廃による経済関係の包括的強化に設定された。そして、ヴィシー政府との協議の結果、仏印経済交渉の実施で合意が成立し、まずハノイにおいて予備交渉をおこない、その後に東京で本交渉をおこなうことになった。

ハノイでの予備交渉は一〇月二二日から始まったが、焦点である貿易問題の協議において早々に暗礁にのりあげ、入国や企業進出などの問題については、協議に入ることすらできなかった。そして、一一月二八日、仏印とタイの間で武力衝突が発生したため、日本代表団は帰国を余儀なくされ、以後の交渉は東京での本交渉に委ねられた。

タイ仏印国境紛争

タイと仏印の国境紛争

一九世紀末、タイは東南アジアにおける英仏帝国主義の緩衝地帯となった。そのため、独立こそ保ったものの、仏印と英領ビルマに挟まれたタイは、英仏双方から数度にわたる領土の侵食を受けた。欧州戦争はそうした状況下で勃発し、一九四〇年六月にフランスが降伏すると、軍事政権下のタイでは、ナショナリズムを背景にして仏印に対する失地回復運動が発生した。

タイ政府が失地回復に向けて動き出したのは八月であり、英米、独伊、そして日本の各国政府に対して、失地回復に向けた外交工作を展開した。現状打破を追求する独伊両政府は失地回復に理解を示し、現状維持を図る英米両政府は反対する立場を示したが、日本では、軍事作戦上の関心から陸軍がタイとの関係強化に関心を示したものの、多くの外交懸案の処理に忙殺されていた松岡は、タイの失地回復運動には関心を示さなかった。そして、九月に日本軍の北部仏印進駐が実施されると、これに刺激を受けてタイの失地回復運動は一層熱を帯び、国境付近において小競り合いが発生するようになった。

タイに関心を示す松岡

三国同盟成立後、対日経済圧力への対応策強化を迫られた日本政府は、一九四〇年一一月五日の四相会議において、タイとも経済関係を強化する方針を決定した。そうしたなかでタイ政府は、タイに好意的であるとみられた日本を仲介に引き出すべく、米英との連携を模索中であるというデマを流した。すると松岡は、このデマに反応し、タイ政府に対して仲介の用意を示すとともに、二一日の四相会議において、その仲介方針（「泰国ノ失地恢復ニ関連スル対泰並ニ対仏印施策ノ件」）を決定させた。その内容は、仏印に譲歩を強いてタイの失地回復に便宜を図り、これをテコにしてタイとの関係強化を図るというものであった。タイ政府からすれば、思惑通りの内容である。

松岡は、外相就任時に「大東亜共栄圏」の樹立を標榜していた。それは、日本が指導的地位を占める地域秩序であるが、その地理的中心に位置するタイ仏印の紛争を英米が仲介するならば、「大東亜共栄圏」は空念仏となり、国外に向けた日本の威信と国内に向けた松岡の面目は丸つぶれとなる。また、軍事や経済の観点からも、タイが英米に接近するのは阻止する必要があった。それゆえ松岡はタイ政府に対して仲介の用意を示したのであるが、日本政府が仲介の用意を示したことで自信を深めたタイ政府は、二八日、仏印に対して武力行使に出た。

調停開始

武力衝突発生後の一二月一日、松岡はヴィシー政府に調停を申し入れた。だが、ヴィシー政府は回答を示さず、申し入れから三週間近く経った一九日になって、拒否する回答を示した。

この間、松岡は、行き詰まった対ソ交渉を打開するべく翌年一月の訪欧を検討していたが、年が明けて一月一七日になると、戦況はタイ側不利に傾き始めた。ここで英米が調停にのりだしてくるのを懸念した松岡は、訪欧を延期して調停を優先させる決断を下すが、すると陸海軍は、一九日の第五回連絡懇談会において、「泰仏印紛争調停ニ関スル緊急処理要綱」(「緊急処理要綱」)と題する暫定調停案を提案した。

政府・大本営連絡懇談会

ここで、以後頻出する連絡懇談会について触れておこう。連絡懇談会の正式名称は、政府・大本営連絡懇談会である。日中戦争勃発後、政府と軍が国策を協議・決定する場として政府・大本営連絡会議が設置された。政府・大本営連絡会議での決定は御前会議に次ぐ権威と拘束力をもったが、宮中で開催される同会議は手続き的に御前会議と大差なかった。そのため、より容易に政策協議をおこなえる場として設置されたのが政府・大本営連絡懇談会であり、これは首相官邸で開催された。連絡懇談会の基本メンバーは、首相、外相、陸相、海相の四相と、参謀総長と軍令部総長であり、幹事として内閣書記官長と陸海軍の軍務局長が出席した。ここでの決定事項はそのまま国策となったが、連絡懇談会における文民と軍人の比率は基本メンバーで二対四、幹事も加えると三対六となり、数的に軍側優位の構成となっていた。この構成的に不利な連絡懇談会において、松岡は陸海軍と相対し、激論を交わすことになる。

軍事作戦を重視する陸海軍

さて、本論に戻ろう。陸海軍が提出した「緊急処理要綱」の内容は、仏印を威圧して調停を成立させ、その代償としてタイに軍事協定の締結を迫るというものである。そこには、武力南進の迅速かつ確実な成功を期す陸軍の思惑があり、タイとの軍事的提携を実現させることで、タイ領内からマレーやシンガポールへ地続きで侵攻できる体制を整えようとしたのである。そうなれば、武力南進は格段に容易になる。

三国同盟交渉時、陸海軍は英米可分か不可分かで割れ、対立していた。ところが、三国同盟成立後の英米協力関係の進展は、陸海軍を英米不可分の認識で一致させ、さらに陸海軍は、強まる対日経済圧力によって物資需給への危機感をも共有するようになった。それゆえ、武力南進の迅速かつ絶対的な成功を希求するようになった陸海軍は、国境紛争の調停に乗じて、タイに軍事的な足がかりを得る必要性を一致して認識したのである。

外交戦略を重視する松岡

対日経済圧力強化への危機感と日本による調停の絶対的必要性という点で、松岡の認識は陸海軍と一致していた。ところが松岡は、陸海軍が提出した「緊急処理要綱」に対して慎重論を唱えた。日タイの軍事的提携は、南進政策に反対する英米を強く刺激し、さらなる経済圧力を招く可能性がある。そうなれば、日本は、欧州戦争におけるドイツの最終勝利とは無関係に、資源を求めて武力南進にのりだすか、経済圧力の解除を求めてアメリカに屈するかの二者択一を迫られる。そして、英米不可分が強まりつつあるなかで武力南進に打って出るなら、それは英米を相手とする勝算のない戦争へと発展する。

あるいは逆に、アメリカに屈するならば、松岡自身が述べたように、「大東亜共栄圏」どころか「東亜新秩序」の放棄をも迫られるのは確実である。いずれに転んでも、日本にとっては致命的展開でしかない。このような予測に基づいて、松岡は「緊急処理要綱」に対して慎重論を唱えたのであった。英米に対日経済圧力強化の口実を与えないために、ドイツ軍が英本土上陸作戦を開始するまでは、南方地域に対する軍事的な行動は一切差し控えるというのが、松岡の立場だったのである。

調停期限の設定を図る陸海軍

松岡が慎重論を唱えたものの、「緊急処理要綱」は第五回連絡懇談会において採択された。この決定を受けて、松岡はタイと仏印の双方に調停を申し入れ、双方とも、一九四一年一月二七日までに調停を受け容れた。その結果、日本を仲介役とするサイゴンでの停戦交渉が二九日から開始され、三一日朝に、二月一一日までを期限とする停戦協定が成立した。

停戦協定の成立を受けて東京で調停本交渉が実施されることになったが、ここで陸海軍は、停戦協定の成立に先立つ一月三〇日の第七回連絡懇談会に「泰仏印施策要綱」を持ち込んだ。同要綱は陸海軍が改めて作成した調停方針案であり、その内容は、タイ仏印との間で政治・経済・軍事にわたって結合関係を構築しようとするものであった。これによって陸海軍は、「緊急処理要綱」で打ち出したタイとの軍事的提携に加えて、仏印との軍事的提携にまで踏み込もうとしたのである。

さらに、「対仏印施策要綱」では三月末を期限とする調停期限が設定され、期限内に調停が成立しない場合には、仏印に対して武力を行使するという規定が設けられた。三月末までの調停期限設定で陸海軍が一致した背景には、やはり軍事作戦上の要請があり、ドイツ軍の英本土上陸作戦開始（早ければ四月）に武力南進開始のタイミングを合わせるため、三月末までに調停を完了させる必要に迫られていたのである。それゆえ、三月末までの調停成立を焦る陸海軍は、調停に消極的な態度を示し続ける仏印に対して、武力を行使する規定を盛り込んだのであった。北部仏印進駐交渉の時と同様に、陸海軍は軍事作戦の論理で外交交渉を捉えていたが、仏印に対する武力行使がどのような結果を招くかについては、まったく考慮が払われていなかった。

調停成立

軍との激突

一九四一年一月三〇日の第七回連絡懇談会に「泰仏印施策要綱」を提議するのに先立って、陸海軍は、松岡との間で同要綱についての意見調整を図っていた。この時、松岡は調停期限の削除と武力行使の条件緩和を軍側に要求したが、その背景には、調停期限の設定が意図せぬ武力衝突を発生させた、北部仏印進駐での悪しき前例があった。そのため「泰仏印施策要綱」が協議された第七回連絡懇談会において、松岡は陸海軍と激突した。それは、軍事作戦を重視し、ドイツ軍が英本土上陸作戦を開始する前に武力南進の軍事的体制を完成させようとする軍官僚と、外交戦略を重視し、純粋な調停に止めようとする外相との対立であった。軍に対する抑え込みを期待される松岡の真骨頂が、まさに試されようとしていた。

第七回連絡懇談会において、松岡は、「泰仏印施策要綱」から調停期限の設定と武力行使の規定、さらにはタイとの軍事的提携の方針を削除させようと図ったが、その際に松岡が突いたのが、陸海軍の認識の甘さであった。松岡は、「泰仏印施策要綱」の方針通りに調停を進めれば英米との戦争になると指摘したうえで、英米との戦争に臨む準備と覚悟があるのか軍側に詰め寄ったのである。そして、軍側が開戦の意志を否定すると、それならば外相として「泰仏印施策要綱」に沿った調停はできないと、松岡は軍側の方針を突っぱねた。

さらに、松岡には決め手が用意されていた。第五回連絡懇談会において「緊急処理要綱」が採択された翌日（一月二〇日）、松岡は調停方針を天皇に上奏したが、その際に松岡は、自身としてはタイとの軍事協定締結には反対であるとの意見を天皇に示した。そして、その三日後、陸海軍の両総長が日タイ軍事協定を成立させる方針を天皇に上奏したが、その直後に参内した松岡は、改めて軍事協定締結への慎重論を天皇に示した。

そのため天皇は、翌一月二五日、両総長を参内させ、松岡の慎重論を支持する考えを示したうえで、政府と十分な調整をおこなうよう指示した。そして、天皇が示した慎重論は軍に対する松岡の決め手となった。一月三〇日の第七回連絡懇談会において、松岡は「泰仏印施策要綱」から三月末の調停期限を削除させることに成功したのである。かくして松岡は軍側に勝利したのであるが、仏印に対する武力行使の規定を削除させることまではできなかった。

陸海軍を抑え込んだ松岡

「泰仏印施策要綱」は修正を施したうえで採択されたが、その後、一九四一年二月五日の第九回連絡懇談会において「泰仏印国境紛争調停要領」が採択された。これは「泰仏印施策要綱」をもとにして外務省が作成した調停案であるが、松岡が主張する調停交渉と軍事協定締結交渉の切り離しが反映され、「泰仏印施策要綱」にあったタイ仏印との軍事協定締結の方針が削除された。これにより、松岡は、調停に乗じてタイ仏印との間で軍事的協力関係を築こうとする陸海軍の思惑を完全に封じ込めた。

かくして、東京での調停本交渉が二月六日に始まったが、タイ仏印間の溝は深いうえに、タイ側に有利な調停が図られたため、交渉は開始直後から難航した。そのため松岡は、停戦期間の二週間延長（二五日まで）を合意させて交渉を進め、難航の末、二三日までに双方を妥協させる目処をつけた。

交渉を引き延ばす仏印

その結果を受けて、松岡は、外務省起案の「爾後《じご》ノ泰、仏印紛争調停措置要領」（「措置要領」）を、一九四一年二月二三日の第一二回連絡懇談会において採択させた。同要領は、停戦期間をさらに一〇日延長（三月四日まで）させたうえで、停戦期間最終日を回答期限とする最終調停案を双方に提示し、その受諾を迫るというものであった。そして、同時に、仏印側に対しては外交的・軍事的圧力をかけ、武力行使の準備も考慮するとされたが、これは松岡が陸軍に譲歩した結果であった。調停開始以来、交渉の引き延ばしを図り続ける仏印側に対して陸軍は苛立ちを募らせており、松岡としても譲歩せざるを得なくなっていたのである。

「措置要領」が採択されると、その翌日、松岡は、タイ仏印の双方に一〇日間の停戦期間延長を認めさせたうえで、二八日を回答期限とする最終調停案を提示した。松岡はサバを読んで回答期限を二八日としたのであるが、タイ側は二日後の二六日に受諾する意志を示したものの、交渉の引き延ばしを図る仏印側は、ここでも態度を留保した。

苛立つ陸海軍

他方、交渉の引き延ばしを図り続ける仏印側に対して苛立ちを募らせた陸海軍は、「仏側カ我最後調停案ヲ応諾セサル場合ノ措置案」（「措置案」）をまとめ、三月二日の第一三回連絡懇談会に提出した。その内容は、三月四日の回答期限と最終調停案を固定したうえで、回答期限までに仏印側が最終調停案を受諾しなかった場合には、三月八日以降、仏印に対して武力を行使するというものであった。すでに採択された「対仏印泰施策要綱」や「措置要領」には、仏印に対する武力行使の規定が盛り込まれていたため、陸海軍は、これらの規定を根拠にして、仏印に対する武力行使を松岡に呑ませようとしたのである。

当然のことながら、連絡懇談会の席上、松岡は「措置案」の内容に変更を加えるよう軍側に求めた。だが、事前に意見調整をしていた陸海軍側は、一致して松岡の要求を拒否し、松岡につけ入る隙を与えなかった。そのため松岡は、七日までに調停が成立しなかった場合には、第三国の介入排除を条件にして調停を断念するという提案で対抗したが、陸海軍側は、調停不成立の場合は武力を行使することが「対仏印泰施策要綱」によって定められているとして、松岡の提案をはねのけた。その結果、「措置案」は、松岡の抵抗を斥けて採択された。

調停成立

松岡は、陸海軍との熾烈な国内交渉を展開する一方で、調停成立へ向けてタイ仏印双方への説得を続けていた。松岡は最終調停案（A案）に対する代案（B案＝仏印側が納得する案）を用意し、仏印側がA案への回答を示すまでの間、B案をもとにした協議をタイ側との間で進めていた。すると、一九四一年三月二日、タイ側はB案を拒否し、対する仏印側は、五つの条件を付けてA案受諾の意志を示した。この日の連絡懇談会では強硬な「措置案」が採択されており、松岡は追い込まれた。

武力行使の阻止を焦る松岡は、五日に三国共同コミュニケを発表し、これを盾にして八日に武力が行使されるのを阻止した。とはいえ、A案に固執するタイ側と、条件付きA案に固執する仏印側とが対立する状況は依然として続いており、共同コミュニケは、武力行使の回避を図る松岡が半ば強引に発表したに過ぎなかった。

だが、その後、松岡による必死の説得が成果をあげ、一〇日になって、タイ仏印の双方とも修正A案による調停を受諾するに至った。すると松岡は、翌一一日の第一六回連絡懇談会において、修正A案による調停に対して陸海軍側の了承をとりつけた。修正A案の了承は、武力行使の回避と並んで「措置案」を踏み越えるものであったが、松岡はこれを何とか切り抜けた。その結果、同日、タイ仏印の代表者間で、「『フランス』国『タイ』国間平和条約」ほか二通の議定書が仮調印されるに至った（正式な調印は五月九日）。

対立する松岡と陸海軍

タイ仏印調停は、三国同盟交渉と同様に、外交交渉と国内交渉が同時並行で進む極めて困難な交渉であった。それでも松岡は、三国同盟交渉と同様に豪腕を発揮し、タイ仏印が英米の影響下に置かれるのを阻止する一方で、同地域に対する日本軍の進出や武力行使も阻止し、日米関係が悪化するのを阻止した。

それは、近衛首相や松岡が重視した「軍事（部分）の合理性」に対する「政治（全体）の合理性」の優位の実現であった。松岡が実現した政治主導の調停は、擬似シビリアンコントロールと表現することもできよう（大日本帝国憲法の下では、文民には軍に対する指揮命令権はない）。これは、外相としての松岡の大きな得点であり、もし松岡が調停を成功させなかったら、日米開戦は史実よりも早く発生していた可能性がある。

また、調停の成功は、「大東亜共栄圏」を掲げる日本と松岡の威信を高めることにもなり、その点でも、大衆政治家としての松岡にとっての得点となった。すなわち、松岡は実利と面目の両面において成功を収めたのである。

とはいえ、タイ仏印調停をめぐる顛末は、南進政策開始当初は一致していた松岡と陸海軍の立場が、三国同盟成立後の展開を受けて乖離しつつあることを露呈させた。外交戦略を重視し、鋭敏な外交感覚によって臨機応変の対応を図る外交家の松岡に対して、官僚組織である陸海軍は、軍事作戦に向けた準備と手続きを重視した。しかも、陸海軍の思考や対応は硬直的であり、その状況認識はきわめて主観的であった。これらの点が原因となって、両者は対立するようになったのである。そして、連絡懇談会での応酬で明らかなように、松岡は、強硬策で一致し始めた陸海軍を相手に、国内交渉で苦戦するようになってきた。

対米工作

対米関係の悪化阻止

前述のように、松岡が意図した南進政策は、英米不可分の状況下で、大英帝国の解体と対米関係の悪化阻止の両立を図るものであった。その施策は、ドイツ軍が英本土上陸作戦を開始するまでは静観を保ち、英本土上陸作戦が開始されたら、それに呼応して武力南進に打って出るというものであった。そうすれば、武力南進を開始するまでの間、対米関係の悪化と対日経済圧力の強化を回避することができる。

そして、ドイツ軍が英本土上陸作戦を開始し、同時に日本が武力南進を開始するような状況であるなら、敗戦が確実になっているイギリスを救援するために、あえてアメリカが参戦するとは考えられない。また、英本土上陸作戦の開始に先立ってイギリスが講和か対日宥和に出るなら、武力南進自体を回避でき、やはり対米衝突は回避できる。
とはいえ、南進政策の入口ともいうべき三国同盟の成立は、日米関係を確実に悪化させた。だが、松岡からすれば、それは織り込み済みである。それゆえ松岡は、三国同盟成立の前後から、対米関係の悪化を緩和させるべく、在米大使館と緊密に連絡をとりながら、盛んに対米プロパガンダをおこなっていた。このあたりに、世論を重視する大衆政治家としての松岡の顔があった。

対米プロパガンダ

まず松岡は、九月二七日に三国同盟が成立すると、在米大使館に三国同盟の条文を送り、アメリカ政府に対して三国同盟の主旨を十分説明するよう指示した。また、同時に松岡自身も談話を発表し、アメリカを挑発するような言説を一切避けるのと同時に、北部仏印進駐が友好的に実施されたことや、日本政府として、ヴィシー政府の主権と仏印領土の保全を尊重することを表明した。

そして、一〇月以降、松岡は対米プロパガンダを積極化させた。まず一〇月五日、グルー大使に対して、三国同盟は防衛同盟に過ぎず、「大東亜共栄圏」は排他的なものではないと説明した。その後は、七～一一日にかけて新聞を通じて談話を発表し、三国同盟は欧州戦争の拡大阻止や防衛を目的とするものであり、アメリカを標的としたものではないことなどをアピールした。このような談話の発表は一一月に入っても続き、やはり、三国同盟は平和維持を目的とするものであることが強調された。以上のように、松岡は盛んにプロパガンダを展開して対米関係の悪化阻止を図ったが、それは客観的にみれば無理のある言い逃れでしかなく、当然のことながら、アメリカ政府や国際世論に対する効果はほとんどなかった。

強力な対日禁輸

三国同盟成立後の松岡は、プロパガンダと実際の施策を一致させ、蘭印や仏印との経済交渉以外には、南方地域に対して一切の行動を起こさなかった。前述のように、実際には、それはドイツ軍が英本土上陸作戦を開始するのを待っていたに過ぎなかったのであるが、それでも松岡は、タイ仏印調停において陸海軍の強硬論を封じ込め、日米関係の悪化を食い止めた。

他方、アメリカ政府は、一九四〇年九月二六日に全等級の屑鉄を対日禁輸の対象としたのを最後に、新たな対日禁輸は発動しなかった。だが、タイ仏印国境紛争が大規模武力衝突に発展すると、アメリカ政府は、これに乗じて日本が南進政策の実施に着手するのを懸念し、再び禁輸対象品目を拡大した。新たな禁輸は一二月初め～二月初めにかけて五回にわたって発動され、全工作機械と特殊装置、そして鉄鉱や銑鉄を含むほぼすべての金属類が、対日禁輸の対象となった。その結果、日米間の戦略物資貿易は、最重要物資である石油を除いて、ほぼ途絶した。アメリカ政府は、日本に武力南進を決断させないように、石油を禁輸の対象外とし、外交上の切り札として温存したのである。

南進政策の破綻を意識する

このような禁輸の拡大もあって、松岡はタイ仏印国境紛争での調停に慎重に対応したのであるが、対日禁輸が日本経済に与えた影響は甚大であり、松岡が三国同盟成立時に想像していたレベルを遙かに超えていた。松岡は対日禁輸への対抗策として蘭印や仏印との経済交渉を進めていたが、両交渉とも、一九四〇年末になっても妥結の目処すらついておらず、仮に妥結に至ったとしても、質と量の両面において、対米貿易を代替できないことが明白となっていた。

また、三国同盟成立後、松岡は、日ソ不可侵条約の無条件締結を目指して対ソ交渉に着手したが、切り札であるドイツの仲介を利用しても交渉は進展せず、日中和平工作も失敗に終わった。さらにいえば、英米軍事協力の進展によって、ドイツ軍が欧州戦争において最終勝利を収めるかも怪しくなりつつあった。それゆえ松岡は、年末頃から南進政策の破綻を意識するようになり、そうした事態に備えてアメリカとの和解を模索し始めた。松岡は、企業家らしさを発揮してリスクヘッジを講じるのである。それはまさに外交における多角経営であった。

日米和解の可能性

アメリカとの和解のきっかけは一九四〇年一二月初めにもたらされた。一一月二五日、カトリック・メリノール会のJ・ウォルシュ司教とJ・ドラウト神父が来日した。日米不戦を希求する両名は、元ブラジル大使の沢田節《さわだせつ》蔵《ぞう》と産業組合中央金庫理事の井川忠雄《いかわただお》の計らいで、政府や陸海軍の要人と会うことになっていた。両名は、年明けに帰国してローズヴェルト大統領をはじめとするアメリカ政府要人と面会する予定になっており、一月に帰国するまでの間、様々な日本政府要人と面会した。当然のことながら、松岡も両名と面会しており、一二月五日と二三日に会っている。

両名との面会において、松岡は、日米関係改善のためにローズヴェルトとの交渉を望んでいることを、ローズヴェルトに伝えるよう両名に依頼した。すると、両名が帰国した後の一月二五日、松岡は、ニューヨークの井口貞夫《いぐちさだお》総領事代理を通じてドラウトからの報告を受けた。それは、ハル国務長官とウォーカー郵政長官を交えてローズヴェルトと会談した結果、日米関係改善の意志がアメリカ政府にあることが確認できたとするものであった。ただし、その報告には、交渉に脈があるかのようにドラウトによって手心が加えられており、アメリカ政府首脳としては、必ずしも松岡を

図9　フランクリン・ローズヴェルト

相手とする交渉に関心を示していたわけではなかった（須藤―一九八六）。いかなるプロパガンダを展開しようとも、三国同盟成立の立役者である松岡を、アメリカ政府首脳は信用していなかったのである。

他方、松岡は、ドラウトを通じたルートとは別に、ローズヴェルトと親しい関係にあるスタインハート駐ソ大使を通じた交渉ルートの開拓を図っていた。スタインハートは、モスクワへ赴任する途中の四〇年八月に東京に立ち寄っており、この時スタインハートと会談した松岡は、軍を抑制する意志を示すとともに、アメリカが嫌う排他的地域秩序の形成を否定していた。

そうしたなかで、一月一三日、スタインハートが松岡との意見交換を望んでいるとの報告が、建川美次《たてかわよしつぐ》駐ソ大使から寄せられた。井口総領事代理からの報告と合わせて、アメリカとの交渉に脈があると読んだ松岡は、民間ルートであるウォルシュとドラウトのルートではなく、公的なルートであるスタインハートを通じたルートで、対米交渉を模索するようになった。桐工作や銭永銘《せんえいめい》工作での失敗から、松岡は、謀略や錯誤のリスクがある民間ルートでの和解工作を忌避したのであろう。

松岡訪欧

「リッベントロップ腹案」

タイ仏印国境紛争の調停を成立させた松岡は、その翌日（一九四一年三月一二日）、訪欧に出発した。訪欧の目的は対ソ交渉の妥結であったが、四一年になると、対ソ交渉は、松岡にとって二重の意味で重要性を帯びるようになった。一つは、当初からの目的である武力南進に打って出る際の北方の安全確保であるが、もう一つは、アメリカとの和解を図る際の交渉材料の確保である。四〇年末頃から南進政策の破綻を意識し始めた松岡は、対ソ交渉の妥結を対米交渉のテコ入れ策としても考えるようになった。すなわち、対ソ交渉をまとめることで国際政治上の日本の立場を強化し、そのうえでアメリカと取り引きするという戦略である。

三国同盟交渉の際、松岡は、日ソ不可侵条約を成立させる以上のことは考えていなかった。これはドイツ側も同様であったが、前述のように、その後ドイツ政府は、「リッベントロップ腹案」を松岡に提示し、一一月のベルリン会談において、これをソ連側に呑ませようとした。この試みは失敗に終わって放棄されたが、ドイツ政府は、その結果を日本側に通知しなかった。そのため、対米交渉を視野に入れた松岡は、日本の外交的立場を強化すべく、リッベントロップが試みた「リッベントロップ腹案」に基づく対ソ交渉を自ら手掛け、日独伊ソの合従体制を構築しようとする。

「対独伊蘇交渉案要綱」

松岡は、タイ仏印調停を手掛けるなかで「対独伊蘇交渉案要綱」をまとめ、一九四一年二月三日の第八回連絡懇談会にこれを提議していた。同要綱は、日本の手で「リッベントロップ腹案」の受諾をソ連政府に迫り、反英統一戦線の形成を図るというものであるが、やはり、そこで描き出されるのは三国同盟対ソ連という図式であり、三国同盟対ソ連の戦争が発生した際の対処も盛り込まれていた。また、日ソ交渉を不可侵条約と中立条約のどちらで妥結させるかについて、同要綱は明記を避けた。対ソ交渉の難航と照らし合わせて、松岡は、中立条約の締結を対ソ交渉の落としどころとして考えていたためである。この「対独伊蘇交渉案要綱」は、異論もなく連絡懇談会で採択されている。

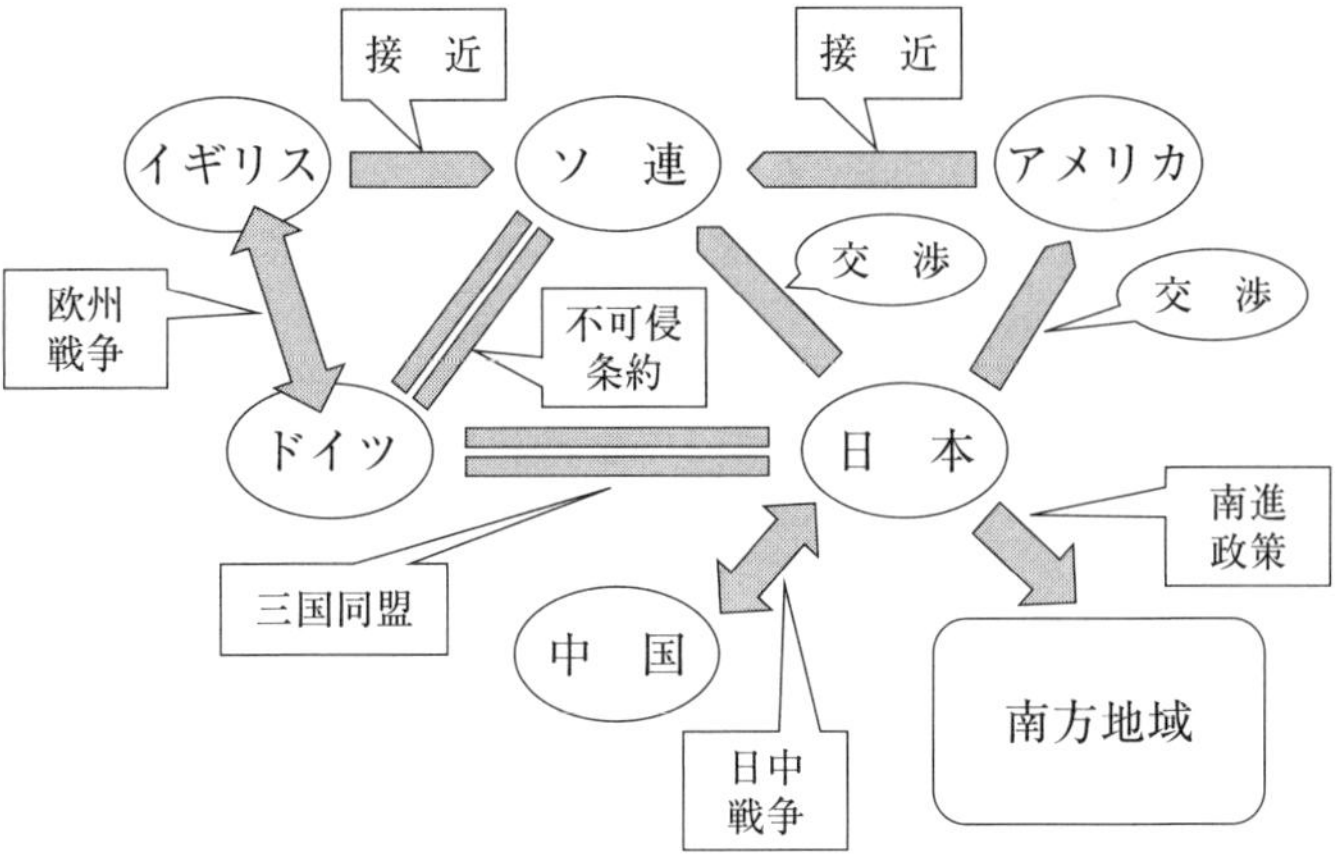

図10　松岡訪欧までの状況（1940年12月～41年4月）

モスクワに立ち寄る

松岡は、一三人の随行員とともに日本を出発し、シベリア鉄道を利用してヨーロッパに向かった。松岡の訪欧スケジュールは、まずベルリン入りしてドイツ政府首脳と会談し、三国同盟の結束を国際的に誇示するとともに、対英戦争や対ソ政策について直接協議し、その後に対ソ交渉に臨むというものであった。

だが、シベリア鉄道を利用してベルリン入りをする以上、往路でモスクワを経由することになる。そのため、松岡はモスクワに立ち寄った。三月二三日午後にモスクワに到着した松岡は、翌日午後にクレムリンを訪問し、モロトフ外相やスターリンと会見したのである。ただし、この会見は表敬訪問であり、松岡一行は、その日の夜行列車でベルリンへと向かった。

驚愕の事実

松岡一行がベルリンに到着したのは一九四一年三月二六日夜であるが、三〇日までベルリンに滞在した松岡は、リッベントロップと三回、ヒトラーと一回会談した。そして、その結果明らかとなったのは、日本側の構想とドイツ政府が追求する政策が完全に食い違っているという驚愕の事実であった。松岡をはじめとする日本の関係者は、ドイツ軍が英本土上陸作戦を開始する時期に関心を寄せていたが、前述のように、ドイツ政府および軍は、すでに対ソ開戦を決断しており、その準備を着々と進めていた。それゆえリッベントロップは、明言こそしなかったものの、松岡に対して対ソ開戦の可能性を強く示唆する一方で、即時の対英参戦とシンガポール攻略を繰り返し要求した。その狙いは、ドイツが対ソ戦を遂行している間、日本を使ってアジアからイギリスを牽制することにあった。日本は再びドイツに欺かれたのである。

当然のことながら、松岡は婉曲に対英参戦を拒否したが、訪独によって、松岡は「リッベントロップ腹案」をもとにした対ソ交渉が実施不可能となったことを覚った。その後、松岡一行はいったんベルリンを後にし、三一日夜～四月三日朝までローマに滞在した。この間、ムッソリーニをはじめとするイタリア政府首脳と会談したが、ドイツ政府はイタリア政府に対しても対ソ開戦の意図を秘匿していたため、対ソ戦が話題にのぼることはなかった。そして、四日午後にベルリンに戻った松岡一行は、ヒトラーやリッベントロップと会談すると、五日の夕方にベルリンを発った。

ドイツと連携して「リッベントロップ腹案」をソ連政府に受諾させようという訪欧での目論見は、ドイツの裏切りによって潰えた。だが、

外交路線の転換

それ以上の衝撃は、「大東亜共栄圏」樹立を目標とする南進政策が完全に破綻したという事実であった。欧州戦争におけるドイツの最終勝利（すなわち対英戦争の早期終結）を前提にして南進政策が立案されていた以上、もはや南進政策を追求することは不可能となったのである。

とはいえ、それでも松岡は対ソ交渉の妥結を図る。その目的は、南進政策のための北方の安全確保ではなく、対米交渉を意識した外交上の地盤固めであった。南進政策が破綻した以上、アメリカとの和解を図るほかなく、対米交渉での日本の立場を有利にするには、対ソ関係の安定化が絶対的に必要となったのである。しかも、近衛首相や大衆の盛大な見送りを受けて東京を出発した以上、大衆政治家の松岡としては、外交上の成果をあげずに帰国するわけにはいかなかった。

そして、松岡には対ソ交渉において一定の勝算が見込めた。確かに、ドイツとの連携や仲介を利用した対ソ交渉は不可能となった。だが、独ソ開戦が不可避となっているならば、ソ連政府は、背後となる極東の安全を確保するために日本との平和を追求する、と松岡は

読んだのである。実際、対ソ開戦への準備としてドイツ政府が進めていた東欧諸国の三国同盟加入は、松岡の訪欧中も続いており、三月一日にブルガリアが、そして同二五日にはユーゴスラヴィアが三国同盟に加入した。

モロトフとの交渉

一九四一年四月七日にモスクワ入りした松岡は、早速、建川大使を交えてモロトフ外相と会談し、北樺太《からふと》の買収と不可侵条約の締結を提案した。そのうえで松岡は、自分は一〇日にモスクワを出発する予定であるが、これを一三日まで延期することは可能であると述べ、期限を切ってその受諾を迫った。ソ連側の提案が北樺太の利権放棄を代償とする中立条約締結であることと照らし合わせると、松岡が大きくサバを読んだ提案をしたことがうかがえるが、これに対してモロトフは、中立条約の締結を逆提示した。

二回目の交渉は九日におこなわれたが、ここで松岡は駆け引きに出た。不可侵条約締結を撤回してソ連側が提案する中立条約締結に応じるが、その代わりにソ連側も利権代償の要求を取り下げるよう求めたのである。だが、モロトフは応じず、従来からの立場である利権代償を条件とする中立条約締結を譲らなかった。巧みな国内交渉で陸海軍を翻弄してきた松岡も、日本側の窮状を見透かすモロトフには歯が立たなかった。

かくして交渉は行き詰まったが、二日後に再度交渉をおこないたいとのモロトフの申し入れを受け、松岡一行は、その日の夜半にモスクワを発った。そして、翌一〇日をレニングラード見物に費やした松岡一行は、一一日昼にモスクワに戻ったが、この間、モスクワでは、モロトフと建川大使の間で中立条約の案文が策定されていた。

日ソ中立条約成立　松岡とモロトフの交渉は一九四一年四月一一日夕から始まったが、無条件での中立条約締結を主張する松岡と、利権代償を条約締結の条件とするモロトフとの溝は埋まらなかった。対米交渉と国内政治を見据える松岡としては、是が非でも対ソ交渉を妥結させる必要に迫られていたが、やはりソ連側の要求をそのまま呑むわけにはいかなかった。そのため、交渉は決裂もやむなしの状況となったが、ここで動きがあった。この日の夜、会見したいとの電話がスターリンから入ったのである。かくして松岡は、最高指導者であるスターリンとの会談にすべてを賭けることになった。

図11　ヨシフ・スターリン

スターリンとの会談は一二日夕から開始されたが、この会談で松岡は、大きな問題での協力のためには小さな問題は断念すべきであると述べ、利権解消を後日話し合うという条件で、中立条約の締結を提案した。するとスターリンは松岡の弁舌に折れ、松岡の提案に同意を示した。その際スターリンは、話し合いは二、三ヵ月以内にすると主張したが、松岡はこれを数ヵ月以内にまで引き延ばすことに成功した。その頃には独ソ戦が発生しているであろうから、有耶無耶にできると読んだのである。その結果、一三日午後に日ソ中立条約が調印された（条約の発効は日ソ双方が批准の手続きを終えた二五日）。日ソ中立条約調印のニュースは日本でも大きく報じられ、近衛首相は松岡の手腕を賞賛した。また、日ソ中立条約の成立は、日独伊三国同盟、タイ仏印調停に続く松岡の大きな功績であり、松岡に対する大衆の評価と支持は最高潮に達した。

破綻した日米関係

分裂した対外政策

盤石化する英米不可分

アメリカ政府は、一九四〇年六月に海軍拡張法を、そして七月に両洋艦隊法を成立させて、海軍力の大規模拡張を開始した。その後アメリカ政府は、九月にイギリス政府との間で基地・駆逐艦協定を成立させて対英支援の姿勢を示し、同月に選抜徴兵制を施行して、陸軍の大規模拡張にも着手した。そして、同年一一月の大統領選挙において、ローズヴェルトは三選を果たした。大戦後の孤立主義にもかかわらず、ローズヴェルトの援英政策はアメリカ国民の支持を得たのである。

三選を果たしたローズヴェルトは、一二月二九日に炉辺談話をおこない、アメリカは民主主義の大兵器廠にならねばならないと声明した。そして、年明け後の四一年一月六日に「四つの自由」演説をおこなってファシズムや軍国主義に対抗する姿勢を表明すると、三月一一日に武器貸与法を成立させた。同法の成立によって大規模な対英武器援助が可能となり、英米の軍事協力は盤石なものとなった。

「時局処理要綱」によって国策化された南進政策は、欧州戦争と日中戦争の早期終結を前提とする機会主義的な参戦外交案であった。ところが、当初描かれていたシナリオは三国同盟成立後にことごとく覆り、現実との乖離を拡げていった。

軍による南進政策の再定義

こうしたなかで、参謀本部内では、「時局処理要綱」国策化後の対南方政策案として、一九四〇年九月に「対南方処理要綱」が起案されていた。同要綱は一〇月末以降放置されたが、一一月一三日に「支那事変処理要綱」が御前会議決定となると、陸軍は「対南方処理要綱」の作成作業を再開した。日中戦争の長期化が確定したため、機会主義的な南進政策を根本から再定義する必要が生じたのである。その結果、四一年二月七日に「対南方施策要綱」が完成し、陸軍はこれを海軍に提示した。だが、この時期の陸海軍の関心はタイ仏印調停に集中しており、海軍は反応を示さなかった。

「対南方施策要綱」

タイ仏印調停を成立させた松岡が訪欧に出発すると、陸海軍は「対南方施策要綱」をめぐる協議を開始し、その最終案を一九四一年四月一七日に完成させた。欧州戦争に便乗してフィリピンを除く東南アジア全域への武力進出を打ち出した「時局処理要綱」に対して、「対南方施策要綱」は、欧州戦争とは無関係に、タイ仏印への非武力進出を打ち出すものであった。

ただし、経済制裁を受けて自存が脅かされた場合には、資源確保のために蘭印やマレーに武力進出するとされた。すなわち、武力南進は、機会主義的な利益拡大策から、自存自衛の手段へと位置付けが変質したのであり、欧州戦争への参戦外交として受動的な「大南進政策」を描いた「時局処理要綱」に対して、「対南方施策要綱」は、欧州戦争と切り離された能動的な「小南進政策」を描き出したのである。

物的国力判断と南進

陸海軍が南進政策を描き直した原因は、武力南進をめぐる物的国力判断にあった。前述のように、陸軍は、一九四〇年六月に「時局処理要綱」を起案するのと前後して、武力南進の経済的研究を企画院に要望していた。その研究結果が同年八月二日の「応急物動計画」であり、英米そして蘭印からの輸入物資がなければ、武力南進は物理的に不可能であるという結論となった。同様の研究は四一年三月から四月にかけて参謀本部でもおこなわれたが、結論は同様で、長期戦となれば武力南進は物資需給で破綻するという結論となった。「東亜新秩序」が行き詰まっていたなかで欧州戦争の劇的展開に興奮し、十分な検討をせずに拙速に南進政策を追求したツケが、四一年になって現れたのである。

実際、四一年二月の時点で、石油を除く戦略物資の対米輸入は、ほぼ途絶しており（対英輸入も同様）、また、経済交渉が進行中の蘭印と仏印からの輸入は、仮に交渉が妥結したとしても、質と量の両面において対米輸入を完全に代替することはできなかった。そして何より、四〇年秋以来、英米の関係強化が進み、対英戦に限定した武力南進は成立し得ない状況となっていた。そのため陸海軍は、欧州戦争に便乗した武力南進を積極的に選択できなくなったのである。

「小南進政策」

一九四〇年一一月に御前会議決定となった「支那事変処理要綱」は、好機を捉えた武力南進によって自給的経済圏の構築を図り、それによって日中戦争を終結させるという方針を定めていた。その方針と照らし合わせると、積極的な武力南進を否定した「対南方施策要綱」は「支那事変処理要綱」との整合性がない。

だが、もはや積極的な武力南進は不可能であるというのが陸海軍の共通認識であり、英米と戦争にならない範囲で「小南進政策」を推進するというのが、「対南方施策要綱」を完成させた陸海軍の共通理解であった。日本の南進が仏印に止まり、なおかつそれが平和的におこなわれる限り、英米との戦争にはならないと、陸海軍は認識していたのである。軍がこのような認識をもった根拠は軍事・外交暗号の解読などによる情報活動であるが、対外関係をシビアに捉える松岡に比べて、状況を主観的・楽観的に捉えている観は否めない。そして、このような政策協議は政府の与り知らぬところで進められており、近衛文麿《このえふみまろ》首相や松岡は、こうした陸海軍の政策転換を知る由もなかった。

近衛首相の対米工作

第二次内閣成立以来、近衛首相は外交運営を松岡に一任しており、近衛自身が外交に関与することはなかった。ところが、三国同盟成立後の日米関係悪化に危機感を覚えた近衛は、松岡の与り知らぬところで対米工作を開始した。これは「外交一元化」を掲げる松岡の職域を侵害するものであったが、近衛の危機感はそれほどまでに強かった。近衛は、南進政策の破綻に備えて対米交渉の準備を始めた松岡の変心を知らなかったのであろう。近衛と松岡は、明らかに意思疎通が欠如していた。

松岡と同様に、近衛による対米工作の端緒も、ウォルシュとドラウトの訪日であった。前述のように、松岡はスタインハート駐ソ大使を通じて対米交渉を模索したが、近衛は、ウォルシュらのルートを通じて対米交渉を模索した。帰国後のウォルシュらと近衛をつないだのは、ウォルシュらに日本での便宜を図った井川忠雄《いかわただお》であった。近衛と会見した井川は、ウォルシュらを追って渡米し、一九四一年二月二七日にニューヨークで合流した。そして、ワシントンに移動した井川ら一行は、三月一二日から、日米関係の修復に向けて交渉案の作成に着手した。

当初、在米大使館は、私人でしかない井川の外交活動に疑念の目を向けていた。だが、次第に井川を信用するようになった在米大使館は、井川を支援するようになった。そして、交渉案の作成状況は、日本側では在米大使館を通じて近衛に、またアメリカ側ではウォーカー郵政長官を通じてローズヴェルト大統領に、それぞれ報告された。その結果、一九四一年三月一七日に「原則協定案」が完成し、同案は近衛とハル国務長官に送られた。

「日米諒解案」

「原則協定案」に接した近衛は対米交渉に強い関心を寄せるようになったが、こうした状況下で、陸軍省軍事課長であった岩畔豪雄《いわくろひでお》が、三一日にワシントンに到着した。岩畔の渡米は、中国問題に詳しい陸軍将校の派遣を野村吉三郎《のむらきちさぶろう》大使が要望したことを受けての措置であるが、岩畔の到着を受けて、交渉案は四月二日から練り直された。練り直しの作業は在米大使館とアメリカ国務省による修正を受けながら進められ、その最終的成果として、一六日に「日米諒解案」が完成した。

「日米諒解案」は、欧州戦争と中国問題に対する日米の方針を定めており、まず欧州戦争に対しては、日本側は締約国が積極的に攻撃を受けた時のみ三国同盟を発動し、アメリカ側は自国の安全を考慮して対応を決定するとした。また、積年の懸案である中国問題に対しては、満洲国の承認、中国の独立と領土の非併合、汪蔣合流、そして非賠償などの条件を、日米双方が認めるとした。さらに、中国政府に対してローズヴェルトが和平交渉を勧告する一方で、アメリカ政府が対日クレジットの提供や物資確保について便宜を図るとされ、五月を目処にホノルルで日米首脳会談を開催するとされるなど、「日米諒解案」は、日本側にとっては条件がよすぎるほどの内容であった。

「日米諒解案」をめぐっては、完成当日、ハル国務長官と野村大使が会談をおこなっており、その席でハルは、まず日本政府が同案を承認し、そのうえで日本政府が同案をアメリカ政府に提案するという形式をとるならば、アメリカ政府は、同案を基礎にして日米交渉を開始すると述べた。そのため野村は「日米諒解案」を近衛に送り、その回答を待った(須藤―一九八六)。

スタインハート工作

井川を通じた近衛の対米工作が「日米諒解案」を生み出した一方で、松岡もまた対米工作を進めていた。前述のように、松岡は、ウォルシュらを通じた民間ルートではなく、スタインハート駐ソ大使を通じた正式な外交ルートでの対米交渉を追求しており、訪欧への出発に先立って、招かれれば英米にも足を伸ばすとアメリカ側に伝えていた。そして、ベルリンへの往路でモスクワに立ち寄った際に(一九四一年三月二四日)、松岡はスタインハートと会談しており、その席で松岡は、英米蘭各国領土への不可侵と日米不戦の意志を示すとともに、日中戦争終結に対するローズヴェルトの助力を求めた。

その後、独伊訪問を終えた松岡は、対ソ交渉に臨むべく四月七日にモスクワに戻ってきたが、訪独によって南進政策の破綻を覚った松岡は、モロトフを相手に対ソ交渉を進める一方で、スタインハートとも会談した。そして、八日のスタインハートとの会談において、松岡は、三国同盟は平和維持のために締結されたものであると主張する一方で、日独には対米戦争の意図はないが、アメリカが対独宣戦するならば事情は異なると述べて、欧州戦争へのアメリカの参戦を牽制した。

そのうえで松岡は、翌九日、スタインハートに対して厳私信とした書簡を届けた。その内容は、日中戦争が終結し次第、日本政府は中国におけるアメリカの正当な権益に対する誤りを正し、同時に、アメリカと南方地域との間の自由貿易を保障するというものであった。アメリカ側からの反応が松岡に示されたのは、松岡が日ソ中立条約を成立させてモスクワを出発した後であり、満洲里到着前のシベリア鉄道の車中であった。それは、ローズヴェルトが日米交渉に関心をもっていることを伝えるスタインハートからの連絡であり、松岡からすれば、日ソ中立条約の成立がローズヴェルトに日米交渉を促したと判断するに足る十分な手応えであった。

動かぬ松岡

一九四一年四月二〇日に大連《だいれん》に到着した松岡は、近衛から、アメリカ政府から重大な提案が出されているので至急帰国するようにとの電話連絡を受けた。近衛の対米工作を与り知らぬ松岡は、スタインハート工作の結果として捉えたはずである。松岡は二二日に飛行機で東京へ向かい、立川《たちかわ》飛行場に降り立った。日ソ中立条約を成立させて意気揚々と帰国した松岡を多数の報道陣や関係者が取り囲んだが、そのなかに近衛もいた。そして、飛行場から都内へ向かう車中で近衛が松岡に示したのは、松岡の与り知らぬところで作成された「日米諒解案」であった。これは、松岡が唱える「外交一元化」を侵害するものであったが、松岡は怒るでもなく淡々と近衛からの説明を聞いた。自信家の松岡としては、意外な反応であった。

松岡の帰朝報告は帰国当日夜の第二〇回連絡懇談会においておこなわれたが、この席で松岡は「日米諒解案」に言及し、検討に二ヵ月程度の時間を要求した。日本にとって都合がよすぎるほどの内容であったにもかかわらず、松岡は「日米諒解案」に飛びつかなかったのである。

確保できなかった戦略物資

蘭印経済交渉の再開

蘭印経済交渉は、小林一三《こばやしいちぞう》交渉代表の帰国によって一九四〇年一〇月以来中断していた。そうしたなかで松岡は、一一月二六日、元外相の芳沢謙吉《よしざわけんきち》を新たな交渉代表に任命した。これは、代表に外交官としての能力を求める現地代表団が、芳沢の代表就任を求めたことを受けての措置であったが、その芳沢は代表就任に難色を示していた。三国同盟の成立によって蘭印との関係が極度に悪化している状況では、経済交渉をまとめる自信がないというのが、その理由であった。そのため松岡は、要求量の半分でも物資が確保できればよいという条件で、芳沢を説得した。そして、欧亜局第三課長（南方地域担当）で元駐蘭印総領事の石沢豊《いしざわゆたか》が、再び駐蘭印総領事として赴任し、芳沢を補佐することになった。これらの人事によって代表団の陣容は大幅に強化された。

経済交渉は、芳沢新代表の蘭印到着を待って四一年一月二日から再開された。芳沢が蘭印に到着するまでの二ヵ月余りの間、交渉代表団は蘭印側に提出する要求案の作成作業を進めており、芳沢の到着までに要求案は完成した。その内容は、蘭印における経済活動の原則自由を求めた交渉開始当初の方針と比べて、大きく後退したものとなった。

完成した要求案は一六日に蘭印側に提示され、交渉は本格始動した。ところが、それから一週間も経たないうちに交渉は中断に追い込まれた。松岡がおこなった二一日の議会演説を蘭印側が問題視し、これを理由にして交渉を中断させたのである。実は、蘭印側は、すでにこの時点で日本側要求案をすべて拒否する腹を固めており、イギリスの状況が好転するまでの間、交渉を引き延ばして、日本側が武力南進を決断するのを遅らせようとしていたのである。そして、その一方では、アメリカ政府が、四〇年一二月初めから四一年二月初めにかけて対日禁輸を強化しており、物資需給の逼迫に直面していた日本にとって、蘭印からの物資確保は死活問題となりつつあった。

対立する代表団と日本政府

交渉は二月一七日にようやく再開されたが、まず日本側要求案に基づいて予備交渉をおこない、その後に本交渉をおこなうというタイムテーブルが組まれた。予備交渉は入国、企業（投資）、通商（物資輸出）の三分野に分けて進められ、三月一四日に終了したが、これら一連の協議のなかで、蘭印側は、日本側の要求をすべて拒否する姿勢を示した。

芳沢は予備交渉開始前の時点で交渉の決裂を予測していたが、予備交渉において蘭印側の拒否的な態度を見極めた芳沢は、一八日、松岡訪欧のため外相を兼務していた近衛に宛てて意見を具申した。蘭印側は日本側要求案を絶対に受け容れないので、以後の本交渉は、現地代表団作成の譲歩案もとにして進めたいとの意向を示したのである。

これに対して近衛は、二八日、要求案の原案通りに本交渉を進め、できる限り交渉を引き延ばすよう芳沢に指示した。近衛は、対ソ交渉が妥結すれば蘭印に対する外交圧力となり、それによって蘭印側の態度が軟化するとの期待を寄せていたのである。だが、現地で交渉にあたっている芳沢と石沢総領事は、近衛の指示は非現実的であるとして強く反発した。その後、双方の間で意見が交わされ、その結果、四月八日、本交渉では、入国・企業問題については原案通りの妥結に固執しないものの、譲歩案の提示については、通商問題についての協議の結果が出たところで決断するという方針で落ち着いた。

妥協案の提示

以上の顛末を経て、一九四一年四月一九日から本交渉が開始された。すると、松岡帰国の翌日（二三日）、芳沢と石沢は、松岡に対して通商問題での妥協を迫った。すなわち、ゴムと錫《すず》についてはタイ仏印からの輸入を主軸に据え、その他の物資については、本交渉において蘭印側が提示する適当な数量で妥協するほかないとしたのである。

物資需給の逼迫のため、蘭印からの物資確保は死活問題となっていたが、芳沢らは、訓令次第では代表を辞任するとの意志を示し始めた。そうなると、松岡は芳沢らに譲歩するしかなかった。五月二日、松岡は、芳沢の交渉方針に同意を示したうえで、通商問題について早急に目処をつけるように要請したのである。このような松岡の譲歩を受けて、芳沢もまた、以後の交渉では蘭印側に対して絶対に譲歩せずとの決意を示して、松岡の要請に応じた。

かくして芳沢は一四日に譲歩案を蘭印側に提示したが、これに対する蘭印側の最終回答は、六月六日に示された。蘭印側は日本側要求案に対する物資輸出量を四月二五日に内示していたが、最終回答で示された数量は、その数量を下回っており、通商以外の分野については、日本側の要求を事実上すべて拒否する内容であった。これによって、近衛や松岡が期待を寄せた日ソ中立条約の成立は、蘭印経済交渉に対して何の影響も与えなかったことが示された。

交渉「打ち切り」

そのため芳沢は、交渉決裂の声明を発表して代表団を引き上げるべきとの意見を松岡に示したが、すでに五月の時点で交渉に見切りをつけていた松岡は、躊躇なく芳沢に同意した。ただ、松岡は、「交渉決裂」の発表によって国内世論が蘭印への強硬論で沸騰するのを懸念しており、「交渉決裂」ではなく「交渉打ち切り」を使用するよう芳沢に指示している。

かくして、六月一七日、芳沢は蘭印側に交渉打ち切りを伝え、交渉打ち切りの共同コミュニケが現地で発表された。そして、その翌日、日本政府もまた交渉打ち切りの内閣情報局長談を発表した。かくして、二年近くにわたって追求されてきた蘭印との経済関係強化は、成果をあげることなく終了することになった（ただし、石沢総領事と蘭印総督府による非公式経済交渉は、日本軍が蘭印に侵攻する日まで続く）。

仏印経済交渉の妥結

蘭印経済交渉が決裂に終わった一方で、仏印経済交渉は狙い通りの成果をあげた。前述のように、仏印経済交渉は、一九四〇年一一月二八日にタイ仏印間で武力衝突が発生したため、予備交渉の途中で中止となった。だが、それによって交渉が立ち消えになることはなく、一二月三〇日から、東京での本交渉が始まった。日仏双方の交渉代表は、松宮順《まつみやはじめ》大使とアンリ駐日大使が務めた。

蘭印経済交渉と同様に、仏印経済交渉においても、入国、企業、通商（物資輸出）の三分野について協議がおこなわれたが、蘭印経済交渉とは異なって順調に進んだ。その結果、本交渉は、四一年三月末までに、ほぼ日本側の要求通りの内容で妥結し、松岡帰国後の五月六日、「仏領印度支那ニ関スル日仏居住航海条約」と「日本国仏領印度支那間関税制度貿易及其ノ決済様式ニ関スル協定」が調印されるに至った。これにより、日本は希望通りに仏印産物資を輸入することができるようになったが、その品目と量は、蘭印に比べてかなり少なく（蘭印に要求した物資は四二品目であったのに対して、仏印から輸入される物資はわずか一三品目）、物資不足の解消にはつながらなかった。

南進か北進か

仏印問題の再燃

前述のように、陸海軍は一九四一年四月一七日に「対南方施策要綱」を完成させ、自律的な「小南進政策」の推進で一致した。これを受けて、陸軍内では、全仏印を勢力圏にするべく、仏印との間で軍事協定を成立させて南部仏印にも兵力を進駐させる案が五月に練られた。この結論を踏まえて、陸軍は、最大の障害である松岡の腹を探ったが、仏印との軍事協定締結は対英米戦を招くとする松岡の主張は不変であった。

そのため陸軍は、海軍との間で調整を進め、六月四日、「対南方施策要綱」を連絡懇談会で採択させるという方針で、海軍と一致した。「対南方施策要綱」によって松岡を拘束し、日・仏印間に軍事協定を成立させようと目論んだのである。この決定を踏まえ、陸海軍の両軍務局長は、翌五日、「対南方施策要綱」と仏印との軍事協定案を松岡に示した。初めて同要綱を示された松岡は、南進政策における陸海軍の方針転換と南部仏印への方針に接することになったが、やはり反対する姿勢を示した。そして、このような状況のなかで、この日、大島浩《おおしまひろし》駐独大使から、独ソ開戦確実の報が飛び込んできた。

「南方施策促進ニ関スル件」

独ソ開戦確実の報を受けて、陸海軍は対外方針の抜本的見直し作業を開始した。だが、「小南進政策」の推進が見直されることはなく、「対南方施策要綱」に基づいて、南部仏印への兵力進駐を図る方針で一致した。その結果完成したのが六月一〇日の「南方施策促進ニ関スル件」であり、英米との戦争を覚悟のうえで、南部仏印への兵力進駐を図るという方針が定められた。「南方施策促進ニ関スル件」には「対英米戦争ヲ賭スルモ辞セス」との文言が挿入されたが、陸海軍は、実際に英米との戦争を決断したわけではなかった。松岡は、対英米戦の覚悟のない陸海軍が、対英米戦を誘発させかねない「小南進政策」を推進していると主張し、その矛盾を突くことで、「小南進政策」の推進に反対していた。その反対論を封じ込めるための方便として、「対英米戦争ヲ賭スルモ辞セス」という文言が挿入されたに過ぎなかったのである。

このような決定を背景にして、陸海軍は六月一一日の第二九回連絡懇談会において南部仏印進駐を切り出したが、やはり松岡は、英米を刺激するとして強く反対した。この結果を受けて、陸海軍は翌一二日の第三〇回連絡懇談会において「南方施策促進ニ関スル件」を提出したが、その際、永野修身《ながのおさみ》軍令部総長は、仏印総督府が兵力進駐を拒否した場合には、米英蘭に対して武力行使に出る用意があると強調した。松岡の反対論を封じ込めるために、先手を打ったのである。

これによって松岡は反対論を展開する根拠を失ったが、それでも南部仏印進駐の阻止を図った。兵力進駐の理由や交渉方法などの細目について質問を繰り出し、激しく抵抗したのである。だが、軍側から仏印に対する武力行使について意見を求められた際、松岡は「不同意ニアラス」と答えてしまい、これが松岡にとっての致命的ミスとなった。軍側は、この隙を逃さず、松岡の主張に譲歩した三項目を「南方施策促進ニ関スル件」の了解事項として盛り込むことを提案し、この提案によって、松岡は同案に反対する根拠を完全に失ってしまったのである。その結果、「南方施策促進ニ関スル件」は採択されるに至ったが、兵力進駐には期限が設定されていなかった。そのため、同案に改訂を加えるということになり、松岡は、「南方施策促進ニ関スル件」が原案通りに採択されるのを阻止することで、なんとか逃げ道を得た。

松岡は、胆力と巧みな弁舌で陸海軍を抑え込んでいたが、一人で巨大な官僚組織に立ち向かうには限界があった。それゆえ、連絡懇談会における松岡の劣勢は覆うべくもない状況となりつつあったが、それでも松岡は、日本人らしからぬ粘り強さを発揮し、四日後（一六日）の第三一回連絡懇談会において反撃に出た。松岡は、南部仏印進駐を強行すれば南方地域からの物資輸入は不可能になると述べたうえで、差し迫っている独ソ開戦の影響を見定めてから、改訂された「南方施策促進ニ関スル件」を採択すべきであると主張したのである。さらに松岡は、「対英米戦争ヲ賭スルモ辞セス」との文言を含む「南方施策促進ニ関スル件」は内容が強硬すぎ、天皇が反対するとも主張した。

抵抗する松岡

松岡が反撃に出ると、陸海軍側は松岡への説得に全力をあげた。まず、連絡懇談会終了後、陸海軍の両軍務局長は、南進政策の推進に対する松岡の同意を取りつけた。そのうえで両軍務局長は、南部仏印進駐の必要性を文書にまとめあげ、同文書をもとに、二〇日と二一日に松岡と会談した。その結果、「南方施策促進ニ関スル件」は改訂され、「対英米戦争ヲ賭スルモ辞セス」との文言と、一二日の連絡懇談会で軍側が提案した三項目の了解事項が削除された。

改訂された「南方施策促進ニ関スル件」は、北部仏印進駐時の方針に近い内容となった。

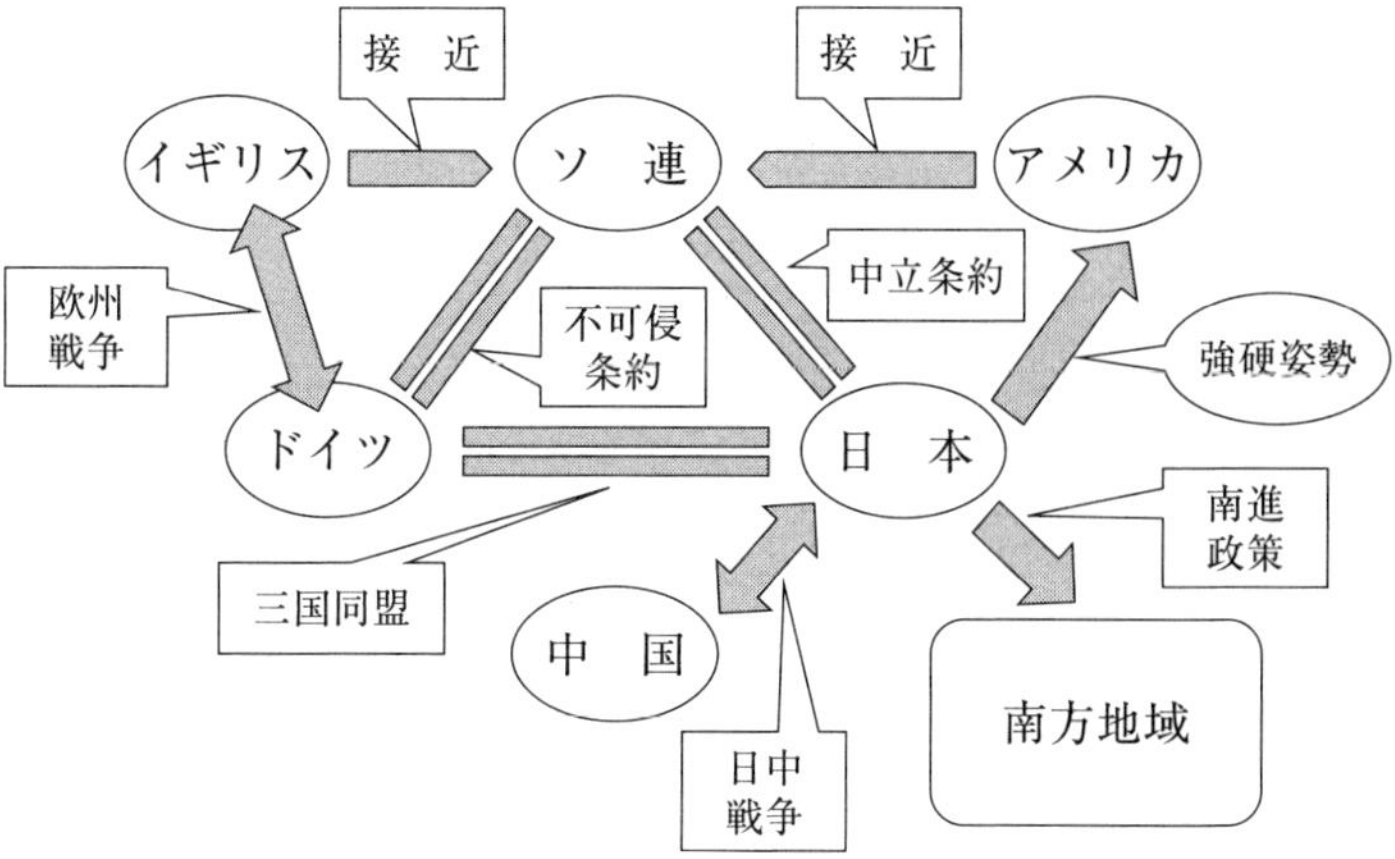

図12　独ソ開戦前の状況（1941年4～6月）

そのため、松岡は同文書に同意を示すことになったのであるが、結果的に、松岡は軍側にはめられた。というのも、軍側は、英米と開戦する覚悟を示すことで、「南方施策促進ニ関スル件」に対する松岡の反対論を押し切っていた。ところが、開戦の覚悟が取り下げられたにもかかわらず、「南方施策促進ニ関スル件」は撤回されなかったのである。そして、ここで独ソ戦が勃発する。

独ソ開戦への対応　一九四一年六月五日の独ソ開戦確実の報は、南進政策のみならず対ソ政策の見直しをも促した。南進政策は、その必要条件として、対ソ不戦体制の確立を要求していたが、その一方で、北進論を伝統的立場とする日本陸軍は、絶えず対ソ戦を意識していた。そのような陸軍の立場からすれば、独ソ開戦は、積年の脅威を根本的に除去する好機となり得たのである。それゆえ、独ソ戦が勃発すると、参謀本部内で対応策が検討され、南進と北進の両方に備えた体制をとる方針がまとめられた。独ソ戦の戦況次第では、武力北進を選択するとされたのである。

同様の検討は陸軍省においてもおこなわれたが、武力北進の機会を積極的に捉えようとする参謀本部とは異なる判断が下された。陸軍省からすれば、北進政策には資源確保の利益がなく、また、北進政策のカギを握る短期間内でのドイツの勝利も楽観視されなかった。この頃の日本は、資源確保を見込める武力南進にすら慎重になるほど、物資需給が逼迫していた。そのような状況を考慮すれば、資源確保の見込めない北進政策など論外であり、それゆえ陸軍省は、南進政策に集中する方針を固めたのである。

そのような方針の下で陸軍省がまとめた政策文書が「情勢ノ推移ニ伴フ国防国策要綱」であり、その後、陸軍省と参謀本部は、一三〜一四日にかけて、同要綱をもとにして独ソ戦への対応策を協議した。その結果、一四日に、陸軍案となる「情勢ノ推移ニ伴フ国防国策ノ大綱」が完成したが、概ね陸軍省の意見が反映された。

他方、独ソ戦勃発への対応は海軍内でも協議され、七日に「独蘇新事態ニ対スル措置」が完成した。その立場は、陸軍と同様に、南進政策への集中を定めるものであり、海軍自体の組織利益もあって、海軍は北進に関心を示さなかった。そして、二二日に独ソ戦が勃発すると、その翌日、陸海軍の軍務局長と作戦部長は、その対応を協議し、陸海軍案となる「情勢ノ推移ニ伴フ帝国国策要綱」が、二四日にまとめあげられた。その基本方針は、対ソ戦の準備は進めるものの、独ソ戦の戦況が日本にとって有利に展開しない限り参戦はせず、規定方針である「小南進政策」の推進を優先させるというものであった。そして、「小南進政策」実現のためには「対米英戦ヲ辞セス」とする文言が復活したが、やはり松岡の反対を抑え込むための方便であった。

北進論への転向

松岡は、訪欧によって独ソ開戦と南進政策の破綻を覚った。にもかかわらず、帰国後の松岡は「日米諒解案」に飛びつかず、それどころか対米交渉に対して消極的な姿勢を示し続けた。また、その一方で、帰国後の松岡は、近衛首相や陸海軍関係者に対して独ソ開戦を示唆せず、独ソ開戦の可能性について否定的な見方すら示していた。おそらく、奇襲攻撃での対ソ開戦を狙うドイツに協力したのであろう。独ソ戦はそのような状況下で勃発したが、すると松岡は、それまで追求してきた南進政策をあっさりと放棄して、突如北進論に転向した。

独ソ戦が勃発すると、松岡は、その日のうちに参内し、独断で、ドイツに協力して対ソ開戦すべきであると天皇に上奏した。そして、その二日後、松岡は、スメタニン駐日ソ連大使に対して、日本外交の基調は日独伊三国同盟であり、日ソ中立条約が三国同盟に抵触するならば中立条約は停止すると述べ、ドイツと戦うソ連を牽制した。

他方、陸海軍は「小南進政策」の具体化を進め、「情勢ノ推移ニ伴フ帝国国策要綱」と、改訂された「南方施策促進ニ関スル件」を、二五日の第三二回連絡懇談会にかけた。両案を採択させて、南部仏印進駐に反対し続ける松岡を拘束しようとしたのである。

この連絡懇談会において、松岡は、改訂された「南方施策促進ニ関スル件」には同意を示したが、「情勢ノ推移ニ伴フ帝国国策要綱」については、北進論の立場から反対を唱えた。独ソ戦の戦況とは無関係に直ちに対ソ開戦し、北進政策を追求すべきであると主張したのである。

二重の意味をもつ北進

松岡にとって、北進論には二重の意味があった。一つ目の意味は対英米戦の回避である。北進政策を追求するならば、英米との戦争を誘発させかねない南部仏印進駐（実際に戦争の直接的引き金となった）を棚上げにできる。そして、もう一つの意味は、グローバルな戦略である。南進政策はドイツと連携した現状打破政策であり、その目標は大英帝国の解体であった。だが、ドイツが対英戦を中止して対ソ戦を選択した以上、もはや日本は南進政策を追求できない。さらに、独ソ戦の勃発によって英ソが提携関係を構築するのは必至であり（実際にそうなった）、すでに英米が提携関係を構築している状況と合わせれば、事実上の英米ソ三国同盟が成立することになる。

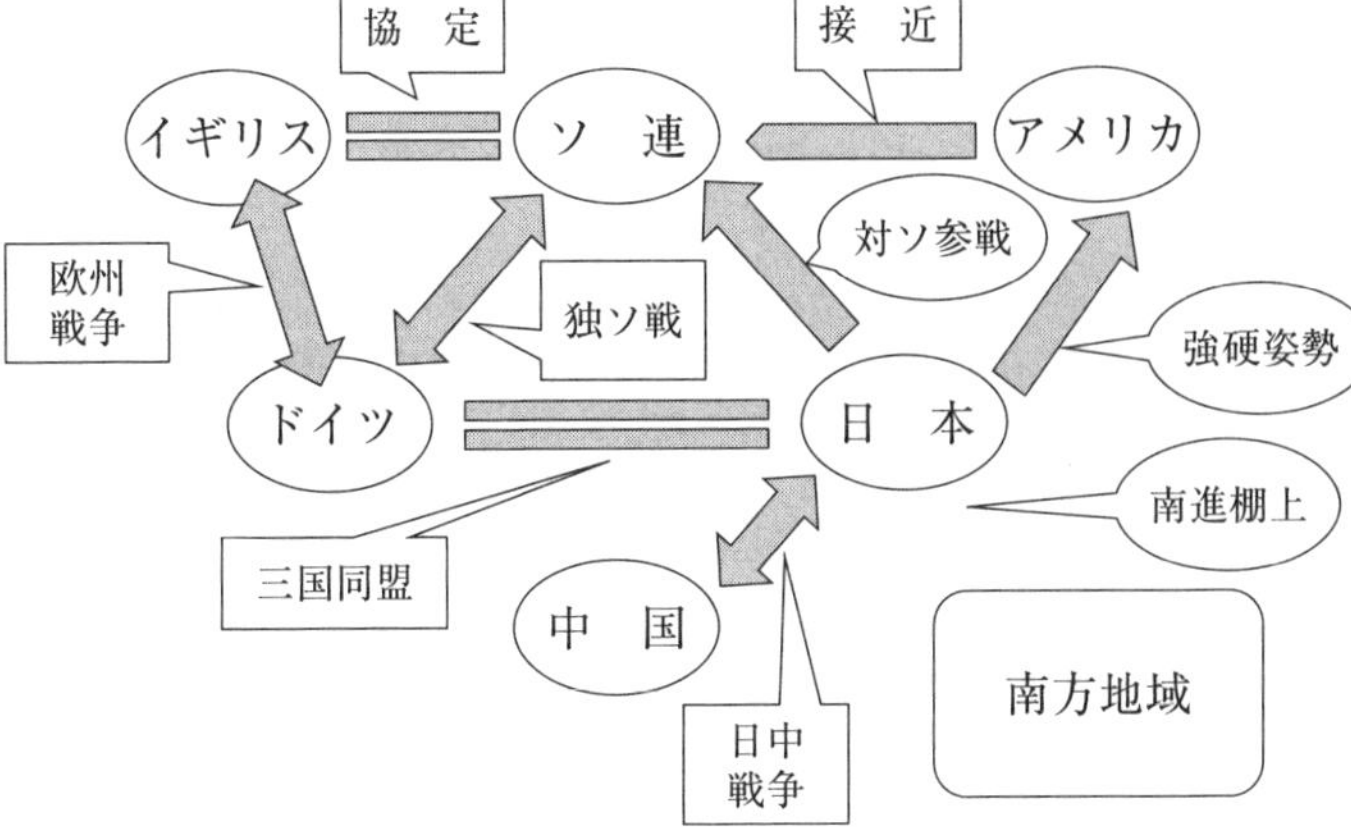

図13　独ソ開戦後の松岡の主張（1941年6月）

そのような状況下でドイツが敗北すれば、三国同盟を結ぶ日本は、それに連座して過酷な戦後政策を英米ソから強要されるであろう（これもまた、実際にそうなった）。それならば、日本もまた南進政策を中止して、ドイツに呼応して北進政策を選択するべきであると松岡は考えたのである。すなわち、ドイツと連携しての英米ソの各個撃破策である。だが、前述のように、陸海軍は、欧州戦争とは無関係に「小南進政策」を推進する方針を決定していたため、この問題は継続協議となった。

激突再び

自己の情勢判断に絶対的自信をもつ松岡は、日本を破滅的立場に追い込まないようにすべく死力を尽くした。一九四一年六月二六日の第三三回連絡懇談会において、松岡は、「情勢ノ推移ニ伴フ帝国国策要綱」が南北両睨みの方針であることを捉え、その優先順位を軍側に質した。松岡は、陸海軍の不一致を引き出して「南方施策促進ニ関スル件」諸共ご破算にしようと試みたのである。だが、松岡対策を施していた軍側は、状況によって判断すると回答するに止め、松岡につけ入る隙を与えなかった。

すると松岡は、さらにその翌日の二七日の第三四回連絡懇談会において、改めて北進論を展開した。武力北進に出てソ連を打倒し、その後に南進政策を追求すればよいと述べたのである。アメリカは、イギリスは助けるがソ連は助けない。だからこそ、まず北進政策を追求すべきであると主張したのである。

北進政策の限界

機会主義に基づく権力政治という観点からすれば、松岡が主張する即時の対ソ開戦は理に適っている。ところが、軍事には軍事の論理があり、即座に武力北進を選択できない事情があった。というのも、軍事作戦の実施には、それ相応の準備期間を要するのである。実際、陸海軍は、武力南進に向けた部隊編成と作戦準備を前年夏から進めており、それを武力北進向けの体制に切り替えるには、相応の時間を必要としたのである。そして何よりも、物資が不足しているなかでの武力北進は非現実的であった。

結局、南進と北進のどちらを選択するかの問題は、二七日の連絡懇談会でも結論を得るには至らなかった。だが、同日夕、陸海軍は部局長会議を開いて、原案通りに「小南進政策」を推進する方針で一致し、この決定を踏まえて、翌二八日午前、陸海軍の軍務局長が、松岡と意見の摺り合わせを図った。その結果、その日の午後に開催された第三五回連絡懇談会では、激烈な対立もなく「情勢ノ推移ニ伴フ帝国国策要綱」は採択され、同要綱は、三日後の七月一日に、閣議と御前会議にかけられる運びとなった。執拗に「小南進政策」に反対し、北進論を唱えた松岡であったが、ついに陸海軍に絡め取られたのである。

即時対ソ参戦はせず

閣議と御前会議を翌日に控えた一九四一年六月三〇日、対独通告と政府声明を審議する目的で第三六回連絡懇談会が開催された。この懇談会には鈴《すず》木貞一《ていいち》企画院総裁、河田《かわだ》烈《いさお》蔵相、豊田貞次郎《とよだていじろう》商工相といった経済閣僚も出席したが、ここで松岡は、ドイツ政府から参戦要請があったことを報告して、再び北進論を蒸し返した。軍側のメンバーによって絡め取られた松岡は、経済閣僚に対して、南部仏印進駐の棚上げと北進論への賛同を求めたのである。松岡は驚嘆すべき粘り強さを発揮したのであるが、松岡の主張は賛同者を得られなかった。

その結果、この連絡懇談会では、ソ連政府に対しては友好関係を維持するという通告文を、またドイツ政府に対しては、対ソ圧力を狙って対ソ参戦の準備は進めるものの直ちには参戦せず情勢を注視するという通告文を、それぞれ伝達することが決定された。そして、七月二日（予定より一日延期となった）に開催された御前会議において、「情勢ノ推移ニ伴フ帝国国策要綱」は採択された。かくして、南北両睨みの中途半端な方針は、そのまま国策となり、対ソ戦に向けた準備が開始されるのと同時に、「南方施策促進ニ関スル件」に基づいて、南部仏印進駐が実施されることになった。

外相放逐

三国同盟を誇示する松岡

これまでみてきたように、ドイツの転向によって南進政策は大きく揺さぶられたが、その一方で「日米諒解案」完成後の日米関係はどうなっていたのであろうか。話しを、松岡が訪欧から帰国した四月二二日まで戻そう。

前述のように、訪欧から帰国した松岡は、その当日に開催された連絡懇談会において、「日米諒解案」の検討に二ヵ月程度の時間を要求し、直ちに対米交渉に着手することはなかった。

対米交渉が協議されたのは、帰国から一〇日以上経った一九四一年五月三日の第二一回連絡懇談会であり、その冒頭、松岡は、不可侵条項を取り除いた日米中立条約の締結をアメリカ政府に提議し、それと同時に三国同盟堅持の姿勢を表明して、アメリカ側の反応をうかがうことを提案した。出席者全員が松岡の提案に不同意を示したが、「日米諒解案」については、外務省と陸海軍が作成した修正案が採択された。修正案には、三国同盟における自動参戦義務の積極的適用や、日本側の主張に沿った線での中国政府に対するアメリカ政府の和平勧告が盛り込まれており、同案に基づいた外交折衝が松岡に一任された。その際、松岡は、対米交渉における三原則として、日中戦争の処理への貢献、三国同盟の堅持、そして（ドイツに対する）国際的信義を掲げた。松岡は日本を欺いたドイツへの信義を掲げ、三国同盟を堅持する姿勢を示したのであるが、ドイツが対ソ開戦の準備を進めているのを与り知らぬ他の出席者は、その矛盾を知る由もなかった。

このような結果を受けて、同日、松岡は、ハル国務長官宛てのステートメントを送った。その内容は、三国同盟とソ連の関係が良好であることを強調して、日本が三国同盟から離脱することはないとするものであった。松岡は、日ソ中立条約の成立によって三国同盟が強化されたと誇示（現実には虚勢）することで、アメリカ側の出方をうかがったのである。

アメリカを信用できない松岡

一九四一年五月八日の第二二回連絡懇談会では、松岡から対米交渉についての状況説明がおこなわれた。ここで松岡は、日本を三国同盟から脱落させる一方で対英援助を強化し、ドイツを敗戦に追い込んでゆくのが、アメリカ政府の狙いであると分析したうえで、アメリカの欧州戦争参戦を阻止することの重要性を強調した。

そのうえで、一二日、アメリカ側の反応をうかがっていた松岡は、「日米諒解案」の修正案をハル国務長官に提出するよう野村大使に命じた。そして、その翌日、松岡は、念押しするかのように、日米和解の条件は、アメリカの欧州戦争不参戦と、アメリカ政府が中国政府に対して対日直接和平交渉の開始を勧告することであると、アメリカ側に強調するよう野村に命じた。

三国同盟交渉において、松岡は自動参戦義務の回避を図り、同盟成立後は、対米不戦の意志を示して対米関係の悪化を回避してきた。ところが、その松岡は、訪欧からの帰国後、一転して対米強硬姿勢を示すようになった。三国同盟の自動参戦義務を強調して、アメリカの欧州戦争参戦を強く牽制するようになったのである。

原体験としての第一次大戦

松岡は、なぜこのように豹変したのか。そこには、松岡が得た第一次大戦での教訓があった。前述のように、三国同盟を協議した一九四〇年九月一四日の政府・大本営連絡準備会において、松岡は、米英陣営に与したにもかかわらず、大戦後の米英は日本の発展を妨害してきたと批判した。また、訪欧からの帰国当日（四月二二日）に開催された第二〇回連絡懇談会において、松岡は、「前大戦中米国は石井・ランシング協定を結んで太平洋の後顧の憂を除き自ら参戦し、日本に散々働かせながら（これは、アメリカ西海岸とインド洋・地中海での日本海軍による連合国船舶の護衛活動を意味する）戦争が済んだら之を破棄した」と論じてアメリカに対する不信感を露わにし、そのうえで、「日米諒解案」をアメリカの悪意七分善意三分と解すると述べた。松岡は、「日米諒解案」は「石井・ランシング協定」の再現でしかないと判断したのである。

松岡には、身勝手なアメリカに対する不信感があり、「日米諒解案」を受け容れて三国同盟から離脱すれば、米英ソの包囲によってドイツを敗戦に追い込んだ後に、アメリカは必ずや過酷な戦後政策を日本に突きつけてくると読んだのである。

このような認識は、松岡が強硬に主張する北進政策のスタンスと結びついており、日独の各個撃破を策するアメリカ政府に対して、松岡もまた、英ソの各個撃破によって対抗しようとしたのである。訪欧からの帰国後、松岡が日米中立条約の締結をもちだしたのも、北進政策を見据えて、日独の対ソ攻撃に対してアメリカに中立不介入の立場を守らせるために発案した可能性が高い。さらに、物資不足にもかかわらず、松岡が五月の時点で蘭印経済交渉に見切りをつけていたのも、秘かに武力北進への転向を決断していたためとみられる。

それゆえ、松岡からすれば、日本にとって都合のよすぎる内容の「日米諒解案」は、アメリカ政府が日本に対して仕掛けた罠にほかならないと映ったのであろう。訪欧から帰国した松岡が条件のよすぎる「日米諒解案」に飛びつかなかった理由は、そこに求められる。『機密戦争日誌』によれば、松岡は、五月二七日に、対米交渉成功の確率は三〇％と発言しており、すでにこの時点で、松岡は対米交渉に見切りをつけていたのであろう。帰国後の松岡が真剣に日米和解を追求しなかった背景には、根強い対米不信が存在していたのである。

条件をつり上げたアメリカ

前述の通り、野村大使は、一九四一年五月一二日、松岡の指示に従って「日米諒解案」の修正案をアメリカ政府に提示した。アメリカ政府の対案は三一日に示されたが、日本側の立場とあまりにかけ離れているため、野村は対案を松岡に伝えなかった。

そして、独ソ開戦の前日にあたる六月二一日、アメリカ政府は第二次対案を提示してきたが、その内容は、第一次対案を踏み越えて、日本側修正案と真っ向から対立するものであった。アメリカ側は、自らは行動の自由を留保する一方で、日本側に対しては三国同盟の自動参戦義務を限定化するよう求め、また、日中和平については、中国政府が受け容れるような提案を、まず日本政府がアメリカ政府に提示するよう求めてきたのである。さらに、武力南進の否定も要求された。独ソ開戦間近の情報をつかんでいたアメリカ政府は、日本の外交的立場が悪化するタイミングを捉えて、日米和解の条件をつり上げてきたのである。「日米諒解案」はアメリカ政府が仕掛けた罠であるとみなしていた松岡の見立ては、あながち間違っていなかった。

松岡を信用しないアメリカ政府

独ソ開戦の翌日（一九四一年六月二三日）、五月一二日のアメリカ側対案を松岡に伝えなかった野村大使も、第二次対案は伝えた。野村は、外交環境が悪化したことで、松岡はアメリカ側の提案を受け容れるであろうと判断したのである。独自の判断を差し挟む野村の行動は大使として不適切であり、日米間の意思疎通を混乱させていた。とはいえ、この時、日本政府は独ソ開戦への対応で忙殺されており、アメリカ側対案が協議されたのは、七月一〇日の第三八回連絡懇談会からであった。この連絡懇談会において、松岡は、アメリカ側の第二次対案（日本政府にとっては第一次対案）は「日米諒解案」よりも悪いとしたうえで、同案の受け容れに反対した。

また、アメリカ側第二次対案にはハル国務長官のオーラル・ステートメントが添えられており、日本の政治指導者のなかに、ドイツとの連携を主張して日米和解を妨げている人物がいるという批判が加えられていた。この人物が松岡を指しているのは明白であった。

実は、アメリカの情報機関は日本の外交暗号を傍受・解読しており、松岡と在米大使館とのやりとりをことごとく把握していた。その情報はローズヴェルト大統領にも届けられており、ローズヴェルトは、松岡は冷静で論理的な考えの持ち主ではないと認識していた（ローズヴェルトは松岡なりの合理的思考や判断を想像できなかったか、する気がなかった）。それゆえ、ローズヴェルトをはじめとするアメリカ政府首脳は、頑なに対米強硬姿勢を貫く松岡を、交渉相手とみなしていなかったのである。さらに、日本政府内にはアメリカへの情報提供者がおり、アメリカ政府は、その情報提供者を通じて、松岡が政府内で孤立しつつある状況を把握していた。その状況を捉えたアメリカ政府は、ハルのオーラル・ステートメントによって、松岡の更迭を日本政府に要求したのである。

他方、ハルのオーラル・ステートメントの意図を見透かした松岡は、七月一二日の第三九回連絡懇談会において怒りを露わにし、オーラル・ステートメントの撤回要求を提案した。その提案は承認され、一四日に、アメリカ政府に対する撤回要求が、野村大使を通じておこなわれた。だが、それ以降、松岡が対米交渉にかかわることはなかった。

関特演と南部仏印進駐

他方、一九四一年七月二日に「情勢ノ推移ニ伴フ帝国国策要綱」が御前会議決定となると、参謀本部は七日と一六日に動員令を発令し、満洲に展開する関東軍の増強を図った。対ソ開戦を意識したこの動員令は、「関東軍特種演習」（関特演）という名目で発令され、約三三万人であった関東軍の総兵力は、八〇万人にまで膨れあがった。だが、短期間のうちに独ソ戦が終結する展開とはならず、結局、陸軍は、八月九日に、年内の対ソ開戦放棄と関特演の中止を決定した。つまり、南進への集中を決断したのである。

また、同様に、「情勢ノ推移ニ伴フ帝国国策要綱」の御前会議決定を受けて南部仏印進駐に向けた準備も開始された。松岡は仏印当局との外交交渉を担当することになったが、この交渉を進めている最中に、松岡は外相を罷免されることになる。

孤立する松岡

一九四一年以降、松岡の外交運営は外交環境の変化に翻弄され、場当たり的なものとなった。そして、それはまた、国内政治における松岡の立場にも影響を与えた。外相就任当初、松岡は、近衛首相の期待に応えて、陸海軍を抑え込んで政治主導による南進政策を実現していた。ところが、タイ仏印紛争の調停以降、松岡は、南進政策の進め方をめぐって陸海軍と鋭く対立するようになり、独ソ戦勃発後は北進政策を主張して、南進政策の継続を主張する軍と激突した。そのなかで松岡は、巨大官僚組織である軍がつくりだす包囲網によって逆に抑え込まれるようになり、外交政策をコントロールできなくなった。

他方、訪欧からの帰国後、松岡は対米強硬姿勢を示すようになり、南進政策を放棄して日米和解を図ろうとする近衛と対立するようになった。近衛は、軍に対する抑え込みを期待して松岡を外相に任命したのであるが、松岡は軍を抑え込めなくなったばかりか、首相である近衛とも対立するようになったのである。そのため松岡は、陸海軍と近衛の双方から、政府内の障害と目されるようになった。

松岡罷免

松岡は、外交交渉と国内政治の両面で、外相としての働き場所を失っており、特に、近衛と対立して政府内での後ろ盾を失ったことは致命的であった。そうした状況下でアメリカ政府が松岡の更迭を要求してきたことで、近衛は松岡の罷免を考えるようになった。とはいえ、松岡に対する大衆世論の支持は依然として高く、政権への支持に影響するため、近衛としても、簡単には松岡の更迭を決断できなかった。

そうしたなかで決定的な役割を果たすことになったのが、天皇であった。そもそも天皇は、外相選任の時点から松岡に強い懸念を示しており、日本が外交的に行き詰まりつつあった一九四一年五月八日に、松岡が独伊との連携を上奏すると、天皇は、外相を交代させてはどうかと漏らすようになっていた。そして、松岡が対米交渉の障害となっていることが明確になると、天皇は、七月一五日に「松岡だけをやめさせるわけには行かぬか」と述べるまでになった。

その結果、近衛は松岡罷免を決断するに至ったのであるが、当時の憲法体制下では、首相は閣僚の罷免権をもたない。そのため、いったん内閣を総辞職させ、改めて松岡を外した内閣をつくるしかなかった。それゆえ近衛は、七月一六日に内閣総辞職を決行し、一八日に、豊田貞次郎を新外相に迎えて第三次近衛内閣を成立させた。かくして松岡は閣外に放逐され、ほぼ一年にわたる外相としての活躍に終止符が打たれた。松岡は、政治の表舞台から姿を消すことになったのである。

先を見通す非凡な識見——エピローグ

的中した松岡の予測

松岡が進めていた仏印当局との南部仏印進駐交渉は、松岡の外相罷免後、豊田貞次郎《とよだていじろう》新外相の下で進められ、一九四一年七月二三日に合意が成立した。その結果、二八日に南部仏印進駐が開始されることになった。日本政府は、この合意を二六日正午に発表したが、アメリカ政府に対しては二五日の夜九時に通告していた。ところがアメリカ政府は、二四日の時点で合意の成立を察知しており、早速対抗措置を講じた。二五日に、在米日本資産の凍結を発表したのである。そして、翌二六日にイギリス政府が、二七日にはオランダ政府が、これに続いた。これらの措置によって日本は対外貿易の決済ができなくなり、その後の貿易取引は「東亜新秩序」域内での円系通貨による取り引きに押し込められた。そうなっては、国家経済を維持することはできない。ところが、それでも日本軍は、規定方針通りに、二八日に南部仏印進駐を実施した。すると同日、蘭印総督府が対日石油供給の停止を発表し、八月一日にはアメリカ政府が切り札を切ってきた。すなわち、石油の対日全面禁輸を発動したのである。南部仏印進駐は、松岡の予想通りに、経済制裁の解除を求めてアメリカ政府の要求に屈するか、資源を求めて武力南進を決断するかの、二者択一を迫られる状況を生み出したのである。

時間に制約された日米交渉

その後、経済制裁の解除を求めて日米交渉が進められることになったが、ここでも陸海軍は、軍事の論理を外交交渉にもち込んだ。すなわち、タイ仏印調停の時と同様に、交渉期限が設定されたのである。というのも、前述のように、三国同盟の締結に先立って、海軍は、石油の全面禁輸を受けた場合、半年以内に南方に進出しなければ石油の備蓄が底をつき、米英と戦争することすら不可能になるとの研究結果を得ていたのである。そのため日米交渉は、遅くとも一九四二年一月までに妥結させる必要に迫られていた。

さらに、前述のように、陸海軍は、経済制裁によって自存自衛が脅かされた場合には、資源を確保するために蘭印やマレーに武力進出するという方針を、「対南方施策要綱」によって確認していた。軍、特に陸軍は、事前に作成される緻密で膨大な作戦計画に基づいて動くため、その対応は官僚的で硬直的なものにならざるを得ない。それゆえ、日米交渉では、時間をかけてでも何とか交渉を妥結させようとする政府と、見通しの立たない交渉に見切りをつけて早期に開戦を決断すべきであるとする陸海軍が、対立する構図となった。これは、巧遅が許容される政治外交の論理と、拙速を尊ぶ軍事の論理との間で生ずる、宿命的な対立構図である。

そうしたなかで採択されたのが「帝国国策遂行要領」であり、同要領は、九月三日の政府・大本営連絡会議と六日の御前会議において採択された。その内容は、対米譲歩の限度を設定したうえで対米交渉を進め、その一方では、一〇月下旬までに開戦準備を完了させて、一〇月上旬になっても交渉妥結の目処がたたなければ、対米開戦と武力南進を決意するというものであった。

内閣を投げ出した近衛

日米交渉での日本側の焦点は、対日禁輸や資産凍結の解除を求める代償として、アメリカ政府に対してどこまで譲歩できるかであった。もはや松岡はいないので、胆力のない近衛文麿《このえふみまろ》首相には軍と渡り合う手段がない。そうしたなかでアメリカ政府は、九月三日に覚書を日本側に提示し、六月二一日の第二次アメリカ案をもとにした協議を要求してきた。その内容は、前述のように、三国同盟の空文化、中国政府が受け容れ可能な和平案の提示、そして武力南進の否定を、日本側に要求するものであった。

これに対して日本政府は、九月六日、日本側の立場を示す覚書をアメリカ側に提示し、そのうえで、二五日に、第二次アメリカ案への対案を提示した。この対案は、「帝国国策遂行要領」に基づいて作成されたものであったが、三国同盟の自動参戦義務を否定した以外に、譲歩を示すものではなかった。そのためアメリカ側は、一〇月二日に第三次アメリカ案を示したが、アメリカ政府の立場は不変であり、日米の主張は並行線を辿った。その結果、日本政府は「帝国国策遂行要領」に基づいて対米開戦の決断を迫られたが、開戦の決断を躊躇した近衛首相は内閣を投げ出し、第三次近衛内閣は一〇月一八日に総辞職した。

東条内閣の成立

代わって成立したのが、陸相として対米強硬姿勢を吐き続けていた東条《とうじょう》英機《ひでき》を首班とする東条内閣であった。天皇に忠実な東条を首相に据えることで、強硬な陸軍の制御を東条に任せたのである。そのため天皇の意向を受けた東条は、開戦には直行せず、「白紙還元」という形で対米交渉を仕切り直した。

交渉での最大の争点は中国問題であり、中国政府が受け容れ可能な和平案として、アメリカ側は、汪兆銘《おうちょうめい》政府の解散と中国からの早期撤兵を要求していた。だが、東条内閣成立後も、陸軍は汪政府の解散と期限を切っての早期撤兵を拒否した。陸軍は、日中戦争の成果が完全に失われるのを恐れたのであり、依然として、破綻状態にある「東亜新秩序」の存続に固執していた。省みれば、すべての問題の根源は「東亜新秩序」にあり、さらに

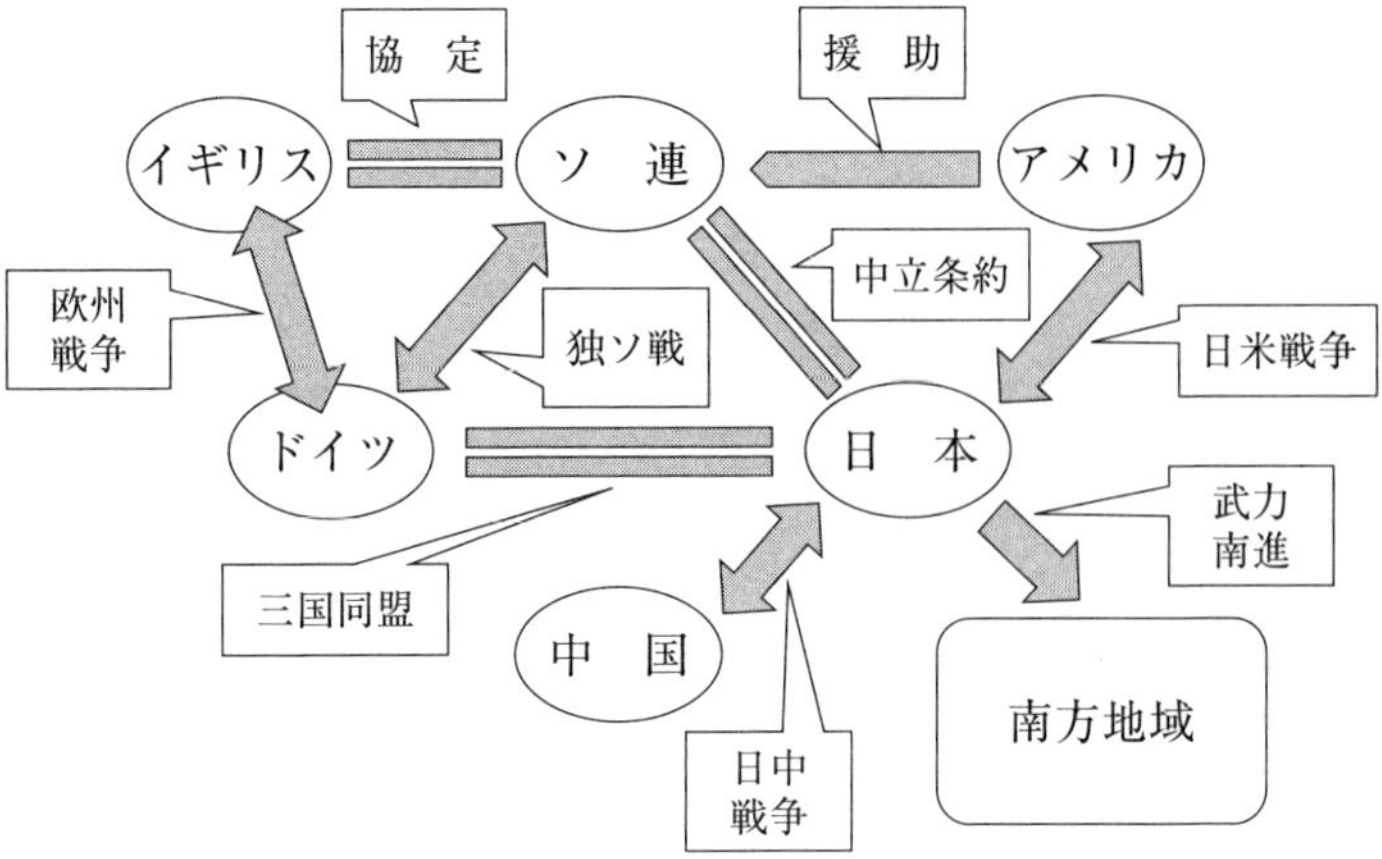

図14　松岡外相辞任後の状況（1941年12月）

遡れば、陸軍が安易な認識で始めた日中戦争へとたどり着く。国策レベルでの失敗と責任を認めず、徒に状況を悪化させ続けた陸軍に、日本という国家全体が付き合わされていたともいえる（開戦後、陸軍は、学習能力のない無責任体質によって、同様の失敗を作戦レベルで繰り返すことになる）。

対米開戦へ

政権交代にともなって、及川古《おいかわこ》志郎《しろう》から嶋田繁太郎《しまだしげたろう》へと海相が交代した。すると、それまで陸軍に比べて開戦に消極的であった海軍が、にわかに開戦に積極的となった。こうしたなかで、一一月一日の連絡会議において、新たな「帝国国策遂行要領」と、交渉案となる甲案と乙案が採択され、いずれも五日の御前会議において採択された。新たな「帝国国策遂行要領」は、一二月一日を交渉打ち切りの期限と定め、外交交渉不成立の場合は、一二月初旬に、対米開戦と武力南進を断行することを定めるものであった。

甲案は、陸軍を抑えて二五年を目処に中国から撤兵することをアメリカ側に申し入れるものであり、乙案は、すべてを南部仏印進駐以前の状態に復帰させるというものであった。交渉は乙案をもとに進められることになり、同案は、野村吉三郎《のむらきちさぶろう》と来栖三郎《くるすさぶろう》の両大使を通じて、一一月二一日にハル国務長官に提出された。これに対してアメリカ側は二七日に回答を示したが、俗に「ハル・ノート」と呼ばれるこの回答は、日本政府として受諾不可能な、最後通牒にも等しい内容であった。

そのため、最後まで交渉妥結に固執していた東郷茂徳《とうごうしげのり》外相も交渉の継続を断念し、一二月一日の御前会議において、交渉の打ち切りと対米開戦が決定された。その結果、八日のマレー半島上陸とハワイ真珠湾への奇襲攻撃へと至る。追い詰められた日本は、勝算のない米英を相手にした戦争に、活路を求めたのである。不幸にも松岡の予測は的中し、南部仏印進駐は、米英との戦争の直接的な引き金になった。

外相罷免後の松岡

他方、外相罷免後の松岡は、どうなったのであろうか。実は、松岡は当時の国民病である肺結核を患っており、外相在任中の激務によって、その病状はかなり悪化していた。そのため、外相罷免後、松岡は療養生活に入り、政治とは無関係の生活を送った。そうしたなかで、一九四一年一二月八日に日米は開戦し、太平洋戦争となった。

松岡が成立させた日独伊三国同盟が、日米開戦の原因となったのは疑いない。それゆえ松岡は、開戦当日「三国同盟は僕一生の不覚」と慟哭《どうこく》したと伝えられている。ところが、近年、松岡が開戦二日後に言論人・徳富蘇峰《とくとみそほう》に宛てた書簡が発見され、松岡が日本軍の大戦果に欣喜雀躍《きんきじやくやく》した様子が明らかにされた。この書簡は、分裂的な言動をする人物として評価されてきた従来からの松岡像を際立たせるものとして話題となったが、この書簡には続きがある。この書簡のなかで松岡は、戦争終結に向けた外交的処理の必要性についても言及しているのである。このような認識は、開戦四日後に、大アジア主義を掲げる右翼団社玄洋社《げんようしや》の首領・頭山満《とうやまみつる》に宛てた書簡にも記されており、松岡は緒戦の大戦果を称揚する一方で、その戦果によって有頂天になることを戒めた。そして、そのうえで松岡は、翌年六月以降に、外交による戦争終結を探るべきであると記している。日本には米英との長期戦に耐える国力がないことを知る松岡は、日露戦争のように、緒戦の大戦果を早期の講和に結びつけるべきであると考えていたのであろう。

頭山宛の書簡によれば、松岡は外相に復帰して外交交渉にあたる意欲を示しており、開戦後の大戦果を取り引き材料にして、米英との和平交渉に臨もうと考えていたらしい。松岡は、病床にあっても、米英との交渉にあたれるのはアメリカを知る自分を置いてほかにないという、過剰なまでの自信をもっていたのである。ただし、アメリカの戦争目的は、戦争原因を生んだファシズムや軍国主義の根絶、すなわちドイツや日本の国家改造に設定されており、松岡が想像したような旧態依然とした講和が実現する可能性は皆無であった。

敗戦後を見据える松岡

開戦後、松岡は戦争は一〇年続くと考えていたようであるが、実際には、開戦後一年にして日本は守勢にまわり、三年半余りで敗戦となった。アメリカを知る松岡でさえ、アメリカが全力で国力を軍事力に転化した時に発揮される巨大な底力を、想像できなかったのである。とはいえ、松岡は、一九四五年七月一二日の時点で（ポツダム会談の開始は七月一七日で、ポツダム宣言の発表は二六日）、領土の縮小や軍備の全廃、戦争犯罪人の処刑など、日本に対する連合国側の戦後処理を驚くべき正確さで予測している。さらに松岡は、「敗戦に外交なし」として、当時、日本政府や軍が、溺れる者藁をもつかむ思いで模索していたソ連を仲介役とする米英との和平を、無意味な悪あがきとして批判していた。ソ連に対する松岡の不信は徹底していたうえに、当時の日本と第一次大戦時のドイツを重ねて捉えていたのであろう。敗戦が確実になっている側には交渉をもちかける資格がないというのが、パリ講和会議に参加した経験をもつ松岡の認識であった。

そのため、松岡はポツダム宣言の受諾に反対しており、徹底抗戦すべきであると考えていた。松岡は、徹底抗戦という自力救済を通じてのみ、戦後処理の条件緩和が実現できると考えていたのである。

そして、八月九日、日本が死に体となっているなかで、独ソ戦に勝利したソ連が、日ソ中立条約を破棄して対日参戦してきた。その結果、米英ソによって包囲された日本は、八月一五日、無条件降伏に追い込まれた。この展開もまた、松岡が外相在任中に予想した通りであった。松岡の国際政治観は、あくまでも力関係をベースにした非常にシビアなものであり、それに基づいて先を見通す識見には傑出したものがあった。松岡は過剰なまで自信家であったが、それには相応の根拠があったといえよう。

A級戦犯の被告人として死す

日本政府は一九四五年八月一五日にポツダム宣言を受諾し、翌日、陸海軍に対して停戦命令が出された（降伏文書調印は九月二日）。

翌四六年一月二二日、病床にあったにもかかわらず、松岡はA級戦争犯罪の嫌疑によって巣鴨に収監された。そして、五月三日、東京裁判（極東国際軍事裁判）が開廷すると、病身の松岡も被告として出廷させられた。松岡は六日の法廷において罪状認否を求められたが、これに対して松岡は、すべての訴因についての無罪を英語で答えた。だが、それが公の場で見せた松岡の最後の姿となった。その後、病状が悪化した松岡は、アメリカ陸軍病院に収容され、六月二七日に死去したのである。享年六六。東京裁判の判決は一九四八年一一月一二日までにすべて言い渡されたが、死亡した松岡は公判から除外となった。政治家は、動機や主張ではなく、結果によって評価され、裁かれる。それゆえ、もし松岡が判決公判まで生きていたなら、死刑判決は不可避であったろう。松岡の死とともに近代日本は終焉を迎え、新生日本がスタートする。

あとがき

人々は、未知と混沌、そして不安に満ちた世界の中で生きている。これは今も昔も変わらない。そのため人々は、世界像を求める。世界全体を知ることで、不安の原因を探り、その解消を図ろうとするのである。この行動パターンも、今も昔も変わらない。

世界は、成因（物事が成り立っている原因）と動因（物事が発生・変化する原因）という二つの概念によって整理・理解される。そして、それらの概念によって初めて人々に世界像をもたらしたのが、宗教であった。宗教には教典とともに神話があり、神話は、神という超越的存在によって世界が創造され（成因）、その神によって世界は動かされている（動因）というストーリーによって、世界を説明したのである。昔の人々にとって、これほどわかりやすく完璧な説明はなかったであろう。そして、神話によってすべては神の所為であるとする世界像をもった人々は、神に許しを請うことで、不安や災難を鎮めようとした。

ところが近代以降、人々は、神話（信仰）ではなく、科学（事実と理性）を通じて世界を俯瞰するようになった。自然現象については自然科学、そして社会現象については人文学や社会科学によって、人々は世界を理解するようになったのである。その結果、人間は自らの手で世界像をつくりあげるようになり、世界に対する主権は、神の手から人間の手に移った。

歴史「学」は、人間社会の成り立ち（成因）と、その変化（動因）を明らかにすることで、人間社会についての世界像を人々に提供してきた。すなわち、歴史を知ることの本質的意味は、世界像を得ることにある。それゆえ、歴史を「正しく理解する」ということ（事実の正確な理解であって、政治権力が作り出す「正しい歴史」の理解ではない）は、人間社会において極めて重要な意味をもつ。歴史を歪めて（あるいは曲解して）理解した人間は、歪んだ世界像をもつようになり、その結果として、現実世界に対する認識をも誤るのである。実際、虚偽や誇張を織り交ぜた歴史教育は、人々を洗脳する手段ともなってきた。

とはいえ、人々が歴史を知る手段となる歴史書は、これを叙述する人間の国籍や個性、時代環境（時代的関心）などの影響を受ける。史実に対する焦点の当て方や取り上げる事件によって、歴史は姿や意味合いを変えるのである。さらに、新しい史料（未知の歴史的事実）の発見によっても歴史は姿や意味合いを変える。そのため、過去の事実を正確に捉え、理解するという営みには、自然科学とは異質の難しさがある。

本書は、二〇一二年に千倉書房から刊行された拙著『松岡外交』をもとに、その後の筆者の研究活動の成果を織り交ぜて、一般読者向けに書き下したものである。新史料と新視角によって新たな松岡外交像を提起した研究書である『松岡外交』に対して、本書は、松岡洋右という人物を通じて、日米開戦へと至る日本の破綻を俯瞰したものとなっている。また、本書では、『松岡外交』刊行後の社会状況の変化を踏まえ、危機の時代となった一九三〇年代や、大衆政治家（ポピュリスト）としての松岡洋右、そして官僚組織としての軍を、現代世界のメタファーとして意識した。

グローバリズムを原因とする世界の軋轢《あつれき》や、政党不信を背景とするポピュリズム、そして、覇権交代期に発生する国際政治上の摩擦など、一九三〇年代と現代の間には共通点や類似点が多い。それだけに、本書は示唆に富むものとなったのではないかと思う。本書を通じて、読者の方々の世界像がより豊かなものとなるなら、筆者として、これに勝るものはない。最後に、筆者を歴史文化ライブラリー執筆者の戦列にお誘い下さった吉川弘文館の永田伸氏と大熊啓太氏に、深く御礼申し上げげる。

二〇一九年一一月

服部　聡

参考文献

伊香俊哉「日中戦争と国際連盟の安全保障機能　一九三七―一九三八―対日制裁・連盟改革へのイギリスの動向を中心に―」『自然人間社会』二八、二〇〇〇年
臼井勝美『日中戦争』中央公論新社、二〇〇〇年
加藤聖文『満鉄全史』講談社、二〇〇六年
小林英夫『日本軍政下のアジア』岩波書店、一九九三年
塩崎弘明「外務省革新派の現状打破認識と政策」『近代日本研究七　日本外交の危機認識』山川出版社、一九八五年
杉山伸也・イアンブラウン編『戦間期東南アジアの経済摩擦』同文館出版、一九九〇年
須藤眞志『日米開戦外交の研究』慶応通信、一九八六年
谷川栄彦『東南アジア民族解放運動史』勁草書房、一九六九年
デイビッド・ルー『松岡洋右とその時代』TBSブリタニカ、一九八一年
土居泰彦『対日経済戦争　1939－1941』中央公論事業出版、二〇〇二年
戸部良一『外務省革新派』中央公論新社、二〇一〇年
波多野澄雄「三国同盟に関する若干の史料」『軍事史学』二〇―一、一九八四年
波多野澄雄「南進への旋回　一九四〇年―『時局処理要綱』と陸軍―」『アジア経済』二六―五、一九八

五年
波多野澄雄『幕僚達の真珠湾』吉川弘文館、二〇一三年
服部　聡『松岡外交』千倉書房、二〇一二年
原　朗『日本戦時経済研究』東京大学出版会、二〇一三年
福田茂夫『アメリカの対日参戦』ミネルヴァ書房、一九六七年
防衛庁防衛研修所戦史室編『戦史叢書　支那事変陸軍作戦一〜三』朝雲新聞社、一九七五〜七六年
防衛庁防衛研修所戦史室編『戦史叢書　大東亜戦争開戦経緯一〜五』朝雲新聞社、一九七三〜七四年
細谷千博編『太平洋・アジア圏の国際経済紛争史』東京大学出版会、一九八三年
ボリス・スラヴィンスキー『日ソ中立条約』岩波書店、一九九六年
松岡洋右『日独防共協定の意義』第一出版社、一九三七年
松岡洋右伝記刊行会編『松岡洋右』講談社、一九七四年
三宅正樹『日独伊三国同盟の研究』南窓社、一九七五年
三輪公忠『松岡洋右』中央公論新社、一九七一年
三輪公忠・戸部良一共編『日本の岐路と松岡外交』南窓社、一九九三年
森山　優『日本はなぜ開戦に踏み切ったか』新潮社、二〇一二年
義井　博『日独伊三国同盟と日米関係』南窓社、一九八七年
義井　博『ヒトラーの戦争指導の決断』荒地出版社、一九九九年
渡辺昭夫「米英による経済制裁の危機と日本の対応」『近代日本研究七　日本外交の危機認識』山川出版

社、一九八五年
ロナルド・ルウィン『日本の暗号を解読せよ』草思社、一九八八年
『太平洋戦争への道 一～七・資料編』朝日新聞社、一九八七・八八年

著者紹介

一九六八年、群馬県に生まれる
一九九三年、新潟大学法学部卒業
一九九九年、神戸大学大学院法学研究科博士後期課程単位取得退学
現在、大阪大学外国語学部非常勤講師、博士（政治学）

〔主要著書・論文〕
『松岡外交』（千倉書房、二〇一二年）
「終戦前後における日本外務省の国連認識」（伊藤信哉・萩原稔編『近代日本の対外認識Ⅰ』彩流社、二〇一五年）
「日中戦争と国際連盟」（『軍事史学』五三―二、二〇一七年）

歴史文化ライブラリー
496

松岡洋右と日米開戦
大衆政治家の功と罪

二〇二〇年（令和二）三月一日　第一刷発行

著　者　服《はっ》部《とり》　聡《さとし》
発行者　吉川道郎
発行所　株式会社　吉川弘文館
東京都文京区本郷七丁目二番八号
郵便番号一一三―〇〇三三
電話〇三―三八一三―九一五一〈代表〉
振替口座〇〇一〇〇―五―二四四
http://www.yoshikawa-k.co.jp/
印刷＝株式会社 平文社
製本＝ナショナル製本協同組合
装幀＝清水良洋・宮崎萌美

ISBN978-4-642-05896-4

歴史文化ライブラリー

1996. 10

刊行のことば

現今の日本および国際社会は、さまざまな面で大変動の時代を迎えておりますが、近づきつつある二十一世紀は人類史の到達点として、物質的な繁栄のみならず文化や自然・社会環境を謳歌できる平和な社会でなければなりません。しかしながら高度成長・技術革新にともなう急激な変貌は「自己本位な刹那主義」の風潮を生みだし、先人が築いてきた歴史や文化に学ぶ余裕もなく、いまだ明るい人類の将来が展望できていないようにも見えます。このような状況を踏まえ、よりよい二十一世紀社会を築くために、人類誕生から現在に至る「人類の遺産・教訓」としてのあらゆる分野の歴史と文化を「歴史文化ライブラリー」として刊行することといたしました。

小社は、安政四年（一八五七）の創業以来、一貫して歴史学を中心とした専門出版社として書籍を刊行しつづけてまいりました。その経験を生かし、学問成果にもとづいた本叢書を刊行し社会的要請に応えて行きたいと考えております。

現代は、マスメディアが発達した高度情報化社会といわれますが、私どもはあくまでも活字を主体とした出版こそ、ものの本質を考える基礎と信じ、本叢書をとおして社会に訴えてまいりたいと思います。これから生まれでる一冊一冊が、それぞれの読者を知的冒険の旅へと誘い、希望に満ちた人類の未来を構築する糧となれば幸いです。

吉川弘文館

歴史文化ライブラリー

近・現代史

- 江戸無血開城 本当の功労者は誰か？――岩下哲典
- 五稜郭の戦い 蝦夷地の終焉――菊池勇夫
- 水戸学と明治維新――吉田俊純
- 大久保利通と明治維新――佐々木 克
- 旧幕臣の明治維新 沼津兵学校とその群像――樋口雄彦
- 刀の明治維新 「帯刀」は武士の特権か？――尾脇秀和
- 維新政府の密偵たち 御庭番と警察のあいだ――大日方純夫
- 京都に残った公家たち 華族の近代――刑部芳則
- 文明開化 失われた風俗――百瀬 響
- 西南戦争 戦争の大義と動員される民衆――猪飼隆明
- 大久保利通と東アジア 国家構想と外交戦略――勝田政治
- 明治の政治家と信仰 クリスチャン民権家の肖像――小川原正道
- 文明開化と差別――今西 一
- 大元帥と皇族軍人 明治編――小田部雄次
- 明治の皇室建築 国家が求めた〈和風〉像――小沢朝江
- 皇居の近現代史 開かれた皇室像の誕生――河西秀哉
- 明治神宮の出現――山口輝臣
- 神都物語 伊勢神宮の近現代史――ジョン・ブリーン
- 陸軍参謀 川上操六 日清戦争の作戦指導者――大澤博明
- 日清・日露戦争と写真報道 戦場を駆ける写真師たち――井上祐子
- 公園の誕生――小野良平
- 啄木短歌に時代を読む――近藤典彦
- 鉄道忌避伝説の謎 汽車が来た町、来なかった町――青木栄一
- 軍隊を誘致せよ 陸海軍と都市形成――松下孝昭
- 家庭料理の近代――江原絢子
- お米と食の近代史――大豆生田 稔
- 日本酒の近現代史 酒造地の誕生――鈴木芳行
- 失業と救済の近代史――加瀬和俊
- 近代日本の就職難物語 「高等遊民」になるけれど――町田祐一
- 選挙違反の歴史 ウラからみた日本の一〇〇年――季武嘉也
- 海外観光旅行の誕生――有山輝雄
- 関東大震災と戒厳令――松尾章一
- 昭和天皇とスポーツ 〈玉体〉の近代史――坂上康博
- 大元帥と皇族軍人 大正・昭和編――小田部雄次
- 海軍将校たちの太平洋戦争――手嶋泰伸
- 松岡洋右と日米開戦 大衆政治家の功と罪――服部 聡
- 植民地建築紀行 満洲・朝鮮・台湾を歩く――西澤泰彦

歴史文化ライブラリー

稲の大東亜共栄圏 帝国日本の〈緑の革命〉――藤原辰史
地図から消えた島々 幻の日本領と南洋探検家たち――長谷川亮一
自由主義は戦争を止められるのか 芦田均・清沢洌・石橋湛山――上田美和
モダン・ライフと戦争 スクリーンのなかの女性たち――宜野座菜央見
彫刻と戦争の近代――平瀬礼太
軍用機の誕生 日本軍の航空戦略と技術開発――水沢 光
首都防空網と〈空都〉多摩――鈴木芳行
帝都防衛 戦争・災害・テロ――土田宏成
陸軍登戸研究所と謀略戦 科学者たちの戦争――渡辺賢二
帝国日本の技術者たち――沢井 実
〈いのち〉をめぐる近代史 堕胎から人工妊娠中絶へ――岩田重則
強制された健康 日本ファシズム下の生命と身体――藤野 豊
戦争とハンセン病――藤野 豊
「自由の国」の報道統制 大戦下の日系ジャーナリズム――水野剛也
海外戦没者の戦後史 遺骨帰還と慰霊――浜井和史
学徒出陣 戦争と青春――蜷川壽惠
特攻隊の〈故郷〉 霞ヶ浦・筑波山・北浦・鹿島灘――伊藤純郎
沖縄戦 強制された「集団自決」――林 博史
陸軍中野学校と沖縄戦 知られざる少年兵「護郷隊」――川満 彰
沖縄からの本土爆撃 米軍出撃基地の誕生――林 博史
原爆ドーム 物産陳列館から広島平和記念碑へ――頴原澄子
米軍基地の歴史 世界ネットワークの形成と展開――林 博史
沖縄 占領下を生き抜く 軍用地・通貨・毒ガス――川平成雄
考証 東京裁判 戦争と戦後を読み解く――宇田川幸大
昭和天皇退位論のゆくえ――冨永 望
ふたつの憲法と日本人 戦前・戦後の憲法観――川口暁弘
鯨を生きる 鯨人の個人史・鯨食の同時代史――赤嶺 淳
文化財報道と新聞記者――中村俊介

文化史・誌

落書きに歴史をよむ――三上喜孝
霊場の思想――佐藤弘夫
跋扈《ばっこ》する怨霊 祟りと鎮魂の日本史――山田雄司
将門伝説の歴史――樋口州男
藤原鎌足、時空をかける 変身と再生の日本史――黒田 智
変貌する清盛 『平家物語』を書きかえる――樋口大祐
空海の文字とことば――岸田知子
日本禅宗の伝説と歴史――中尾良信
殺生と往生のあいだ 中世仏教と民衆生活――苅米一志

歴史文化ライブラリー

浦島太郎の日本史――三舟隆之
〈ものまね〉の歴史 仏教・笑い・芸能――石井公成
戒名のはなし――藤井正雄
墓と葬送のゆくえ――森　謙二
運　慶 その人と芸術――副島弘道
ほとけを造った人びと 止利仏師から運慶・快慶まで――根立研介
祇園祭 祝祭の京都――川嶋將生
洛中洛外図屛風 つくられた〈京都〉を読み解く――小島道裕
化粧の日本史 美意識の移りかわり――山村博美
乱舞の中世 白拍子・乱拍子・猿楽――沖本幸子
神社の本殿 建築にみる神の空間――三浦正幸
古建築を復元する 過去と現在の架け橋――海野　聡
大工道具の文明史 日本・中国・ヨーロッパの建築技術――渡邉　晶
苗字と名前の歴史――坂田　聡
日本人の姓・苗字・名前 人名に刻まれた歴史――大藤　修
大相撲行司の世界――根間弘海
日本料理の歴史――熊倉功夫
日本の味　醤油の歴史――林　玲子・天野雅敏編
中世の喫茶文化 儀礼の茶から「茶の湯」へ――橋本素子
天皇の音楽史 古代・中世の帝王学――豊永聡美
流行歌の誕生 「カチューシャの唄」とその時代――永嶺重敏
話し言葉の日本史――野村剛史
柳宗悦と民藝の現在――松井　健
遊牧という文化 移動の生活戦略――松井　健
マザーグースと日本人――鷲津名都江
たたら製鉄の歴史――角田徳幸
金属が語る日本史 銭貨・日本刀・鉄炮――齋藤　努
書物と権力 中世文化の政治学――前田雅之
書物に魅せられた英国人 フランク・ホーレーと日本文化――横山　學
災害復興の日本史――安田政彦

民俗学・人類学

日本人の誕生 人類はるかなる旅――埴原和郎
倭人への道 人骨の謎を追って――中橋孝博
神々の原像 祭祀の小宇宙――新谷尚紀
役行者と修験道の歴史――宮家　準
幽霊　近世都市が生み出した化物――高岡弘幸
雑穀を旅する――増田昭子
川は誰のものか 人と環境の民俗学――菅　豊

歴史文化ライブラリー

名づけの民俗学 地名・人名はどう命名されてきたか——田中宣一
番と衆 日本社会の東と西——福田アジオ
記憶すること・記録すること 聞き書き論ノート——香月洋一郎
番茶と日本人——中村羊一郎
柳田国男 その生涯と思想——川田 稔

世界史

中国古代の貨幣 お金をめぐる人びとと暮らし——柿沼陽平
渤海国とは何か——古畑 徹
古代の琉球弧と東アジア——山里純一
アジアのなかの琉球王国——高良倉吉
琉球国の滅亡とハワイ移民——鳥越皓之
フランスの中世社会 王と貴族たちの軌跡——渡辺節夫
ヒトラーのニュルンベルク 第三帝国の光と闇——芝 健介
人権の思想史——浜林正夫

考古学

タネをまく縄文人 最新科学が覆す農耕の起源——小畑弘己
老人と子供の考古学——山田康弘
〈新〉弥生時代 五〇〇年早かった水田稲作——藤尾慎一郎
文明に抗した弥生の人びと——寺前直人
樹木と暮らす古代人 木製品が語る弥生・古墳時代——樋上 昇
古 墳——土生田純之
東国から読み解く古墳時代——若狭 徹
埋葬からみた古墳時代 女性・親族・王権——清家 章
神と死者の考古学 古代のまつりと信仰——笹生 衛
土木技術の古代史——青木 敬
国分寺の誕生 古代日本の国家プロジェクト——須田 勉
海底に眠る蒙古襲来 水中考古学の挑戦——池田榮史
銭の考古学——鈴木公雄

古代史

邪馬台国の滅亡 大和王権の征服戦争——若井敏明
日本語の誕生 古代の文字と表記——沖森卓也
日本国号の歴史——小林敏男
日本神話を語ろう イザナキ・イザナミの物語——中村修也
東アジアの日本書紀 歴史書の誕生——遠藤慶太
〈聖徳太子〉の誕生——大山誠一
倭国と渡来人 交錯する「内」と「外」——田中史生
大和の豪族と渡来人 葛城・蘇我氏と大伴・物部氏——加藤謙吉
白村江の真実 新羅王・金春秋の策略——中村修也

歴史文化ライブラリー

よみがえる古代山城 国際戦争と防衛ライン——向井一雄
よみがえる古代の港 古地形を復元する——石村 智
古代豪族と武士の誕生——森 公章
飛鳥の宮と藤原京 よみがえる古代王宮——林部 均
出雲国誕生——大橋泰夫
古代出雲——前田晴人
古代の皇位継承 天武系皇統は実在したか——遠山美都男
古代天皇家の婚姻戦略——荒木敏夫
壬申の乱を読み解く——早川万年
戸籍が語る古代の家族——今津勝紀
万葉集と古代史——直木孝次郎
地方官人たちの古代史 律令国家を支えた人びと——中村順昭
古代の都はどうつくられたか 中国・日本・朝鮮・渤海——吉田 歓
平城京に暮らす 天平びとの泣き笑い——馬場 基
平城京の住宅事情 貴族はどこに住んだのか——近江俊秀
すべての道は平城京へ 古代国家の〈支配の道〉——市 大樹
都はなぜ移るのか 遷都の古代史——仁藤敦史
聖武天皇が造った都 難波宮・恭仁宮・紫香楽宮——小笠原好彦
天皇側近たちの奈良時代——十川陽一
悲運の遣唐僧 円載の数奇な生涯——佐伯有清
遣唐使の見た中国——古瀬奈津子
古代の女性官僚 女官の出世・結婚・引退——伊集院葉子
〈謀反〉の古代史 平安朝の政治改革——春名宏昭
平安朝 女性のライフサイクル——服藤早苗
平安京のニオイ——安田政彦
平安京の災害史 都市の危機と再生——北村優季
平安京はいらなかった 古代の夢を喰らう中世——桃崎有一郎
天台仏教と平安朝文人——後藤昭雄
平将門の乱を読み解く——木村茂光
藤原摂関家の誕生 平安時代史の扉——米田雄介
安倍晴明 陰陽師たちの平安時代——繁田信一
平安時代の死刑 なぜ避けられたのか——戸川 点
古代の神社と神職 神をまつる人びと——加瀬直弥
大地の古代史 土地の生命力を信じた人びと——三谷芳幸
時間の古代史 霊鬼の夜、秩序の昼——三宅和朗

中世史

列島を翔ける平安武士 九州・京都・東国——野口 実
源氏と坂東武士——野口 実

歴史文化ライブラリー

敗者たちの中世争乱 年号から読み解く——関 幸彦
平氏が語る源平争乱——永井 晋
熊谷直実 中世武士の生き方——高橋 修
中世武士 畠山重忠 秩父平氏の嫡流——清水 亮
頼朝と街道 鎌倉政権の東国支配——木村茂光
大道 鎌倉時代の幹線道路——岡 陽一郎
鎌倉源氏三代記 一門・重臣と源家将軍——永井 晋
鎌倉北条氏の興亡——奥富敬之
三浦一族の中世——高橋秀樹
都市鎌倉の中世史 吾妻鏡の舞台と主役たち——秋山哲雄
弓矢と刀剣 中世合戦の実像——近藤好和
その後の東国武士団 源平合戦以後——関 幸彦
荒ぶるスサノヲ、七変化 〈中世神話〉の世界——斎藤英喜
曽我物語の史実と虚構——坂井孝一
鎌倉浄土教の先駆者 法然——中井真孝
親 鸞——平松令三
親鸞と歎異抄——今井雅晴
畜生・餓鬼・地獄の中世仏教史 因果応報と悪道——生駒哲郎
神や仏に出会う時 中世びとの信仰と絆——大喜直彦
神仏と中世人 宗教をめぐるホンネとタテマエ——衣川 仁
神風の武士像 蒙古合戦の真実——関 幸彦
鎌倉幕府の滅亡——細川重男
足利尊氏と直義 京の夢、鎌倉の夢——峰岸純夫
高 師直 室町新秩序の創造者——亀田俊和
新田一族の中世 「武家の棟梁」への道——田中大喜
皇位継承の中世史 血統をめぐる政治と内乱——佐伯智広
地獄を二度も見た天皇 光厳院——飯倉晴武
東国の南北朝動乱 北畠親房と国人——伊藤喜良
南朝の真実 忠臣という幻想——亀田俊和
中世の巨大地震——矢田俊文
大飢饉、室町社会を襲う！——清水克行
贈答と宴会の中世——盛本昌広
出雲の中世 地域と国家のはざま——佐伯徳哉
山城国一揆と戦国社会——川岡 勉
中世武士の城——齋藤慎一
戦国の城の一生 つくる・壊す・蘇る——竹井英文
武田信玄——平山 優
徳川家康と武田氏 信玄・勝頼との十四年戦争——本多隆成

歴史文化ライブラリー